> « *Ce domaine des marges, distraitement mais efficacement perçues, ce domaine du* coin *de l'œil, c'est* [...] *presque toute la supériorité de la fiction écrite.* »
>
> J. GRACQ (p. 241 [1])
>
> « [...] *car comment nommer un désir ? Un désir, on le cerne.* »
>
> J. LACAN (p. 229 [2])

ARCHIVES DES LETTRES MODERNES

199

ÉLISABETH CARDONNE ARLYCK

désir, figure, fiction

le « *domaine des marges* »

de Julien Gracq

PARIS — LETTRES MODERNES — 1981

SIGLES ET ABRÉVIATIONS

BF   *Un Balcon en forêt*. Paris, J. Corti, 1958.
P   *La Presqu'île*. Paris, J. Corti, 1970.
RC   « Le Roi Cophetua » in *La Presqu'île*.
RS   *Le Rivage des Syrtes*. Paris, J. Corti, 1951.

     À l'intérieur d'un même paragraphe les séries continues de références à un même texte sont allégées du sigle initial commun et réduites à la seule pagination; par ailleurs, les références consécutives à une même page ne sont pas répétées à l'intérieur de ce paragraphe.

     Toute citation formellement textuelle (avec sa référence) se présente soit hors texte, en petit caractère romain, soit dans le corps du texte en *italique* entre guillemets, les soulignés du texte d'origine étant rendus par l'alternance romain/*italique*; mais seuls les mots en PETITES CAPITALES y sont soulignés par l'auteur de l'étude (le signe * devant un fragment attestant les petites capitales ou l'italique de l'édition de référence).

METAPHORIKOS, rappelle Jacques Derrida, désigne en grec moderne « *ce qui concerne les moyens de transport* »[3]. La métaphore transporte en signification les choses, les lieux, les sujets. Active, elle s'affaire, serrant ici et lâchant là du sens, faisant et découvrant le jeu du désir, qui est commanditaire aussi bien qu'effet de ses opérations. Dans le récit de Julien Gracq, dont le tracé en apparence linéaire offre l'aisance croit-on sans accident d'une avance réglée, la métaphore interpose des déviations, des retours ou des engorgements de sens qui font de la ballade narrative un parcours enchevêtré. Dans le lacis de significations dont la figure métaphorique borde la narration, il peut seulement s'agir de relever quelques trajets.

Cet essai se limite donc à l'étude de figures particulières dans *Le Rivage des Syrtes*, *Un Balcon en forêt*, « La Presqu'île » et « Le Roi Cophetua ». Choix dont l'arbitraire tient à la vigueur avec laquelle dans chaque récit une certaine ordonnance des significations sollicitait l'attention. Soit dans le grain minutieux d'une description, soit dans les linéaments du texte entier. Et si la métaphore transporte, il faut se demander si elle le fait seulement dans l'aire limitée de passages précis ou bien également d'un point, d'un plan du récit à un autre. Dans chaque texte retenu, une coupe transversale, qui permet de juxtaposer des moments différents de la production de sens, est jalonnée d'arrêts sur le détail de cette production, considérée non plus comme un schème mais comme un procès : signification et signifiance. Les figures sont une forme et une activité, et articulant celle-ci sur celle-là, j'ai cherché à y cerner le jeu décevant du désir.

Incessamment signifié dans l'œuvre de Gracq, le désir en est d'autant plus élusif : saisi comme il se déclare, il s'épaissit d'évidence. Épaisseur qu'il faut serrer, mais de près : non pas qu'alors elle s'éclaircisse, mais dans l'opacité activée du sens, des mouvements se dessinent auxquels sans doute le désir n'est pas étranger.

Le danger de pareille tentative est de forcer l'œuvre en une forme englobante qui prétendrait rendre compte de tout aspect. Mon propos est autre : c'est de pousser, pour voir, des relations aperçues entre des plans divers du récit — pour voir comment la métaphore actionne le sens et figure le désir, mais comment aussi ce travail dérange ce qu'il a ordonné. Nulle théorie systématique, ni de la métaphore ni du désir n'est élaborée, quoique je cherche à délimiter dans le fonctionnement textuel des opérations signifiantes d'ordre métaphorique, des points d'impact du désir, et les façons dont ils composent ensemble. Parce que cette étude est située, position instable, entre figure, désir et fiction d'une part, entre activité figurative de surface et activité de structure de l'autre, elle penche, selon la sollicitation de chaque texte envisagé, vers un pôle ou vers un autre. Dans *Le Rivage des Syrtes*, la récurrence de scènes du regard a imposé une analyse centrée sur la mise en absence de l'événement représenté (en quoi la métaphore œuvre à distance), et sur la position libidinale du sujet dans l'espace. Position sur laquelle porte toute l'étude d'*Un Balcon en forêt*, l'attention étant ici surtout dirigée sur le travail local de la métaphore dans les fictions du désir. Pour « La Presqu'île » le titre, et pour « Le Roi Cophetua » un motif spatial doublé d'italiques insistants, ont guidé une analyse de la fonction métaphorique dans un ensemble diégétique déterminé : le désir alors se repère, entre répétitions et déplacements, à des incertitudes, blocages ou suspensions de sens.

« *Un impressionnisme à multiples facettes, analogue à ces fragments de cartes à très grande échelle, impossibles à assembler exactement entre eux, mais aussi, pris un à un, presque rigoureusement fidèles, c'est peut-être la meilleure carte qu'on puisse dresser des voies et moyens, des provinces et des chemins de la littérature.* » (pp. 179-80 [1]). Si on veut bien imaginer quelques fragments dressés par un cartographe qui ne saurait à quels critères juger de la fidélité, on aura dans cette version modeste du projet esquissé par Gracq un équivalent de ce que j'ai tenté.

TRANSFUGES

« [...] *et il est vrai que les mots, leurs
dédales, l'immensité épuisante de leurs
possibles, enfin leur traîtrise, ont quelque
chose des sables mouvants.* »
                              G. BATAILLE (p. 32 [4])

effigie et anamorphose

Passant outre la « *frontière d'alarme* » (*RS*, 9) qui divise
la mer des Syrtes, Aldo d'Observateur a viré au Provocateur.
De Fonction il s'est fait Figure : les *yeux* d'Orsenna aux Syrtes
en sont devenus l'*âme damnée* (200). Dans cette transforma-
tion, en laquelle le récit tient, Aldo va rejoindre la galerie
de portraits où son nom lui donne place [5], « *les quatorze
Aldobrandi qui montent la garde en effigie* » (165). *Le Rivage
des Syrtes* est l'histoire de cette accession au cadre, de la
formation d'une « *figure hantée* » (200).

Pourtant, dans le roman, le tableau manque : si Aldo,
dans sa posture de narrateur occupe le premier plan de son
récit, il est privé du fond qui lui revient, de cet attribut
nécessaire qui fait de lui une « *figure vêtue d'ombre* » [6], la
« *bataille navale qui ne fut jamais livrée* » [6]. La description
d'Orsenna donnée aux flammes manque avec ostentation dans
le sommaire analeptique qui la désigne : « *Quand le souvenir me ramène — en soulevant pour un moment le voile de
cauchemar qui monte pour moi du rougeoiement de ma
patrie détruite — à cette veille où tant de choses ont tenu
en suspens* [...]. » (*RS*, 199).

Cette absence est à la fois mise en relief et comblée par la présence emphatique du portrait de Piero Aldobrandi, « transfuge d'Orsenna », géniteur symbolique et rival incestueux — double donc — d'Aldo [7]. Dans le tableau de Longhone, Piero Aldobrandi se tient devant Rhages assiégée comme dans l'épisode manquant Aldo le devrait devant Orsenna incendiée. En celui-là celui-ci contemple sa propre figure achevée : « *La chambre s'envolait. Mes yeux se rivaient à ce visage* [...]. *Sa lumière se levait sur un au-delà sans nom de vie lointaine, faisait en moi comme une aube sombre et promise.* » (*RS*, 108).

Dans cette image promise qu'il renvoie, le tableau a rôle de miroir ; et dans sa fascination exaltée, Aldo y fait « *l'assomption jubilatoire de son image spéculaire* » [8] par laquelle, dit Lacan, « *le je se précipite en une forme primordiale* », mais « *dans une ligne de fiction* [...] *qui ne rejoindra qu'asymptotiquement le devenir du sujet* ». Aldobrandi ouvre à Aldo un devenir de soi qui ne sera jamais atteint. Mais la figure métaphorique, dans le retournement qu'elle accomplit, manifeste en un instant du texte la jonction spéculaire des doubles : « *Comme le regard qu'aimante malgré lui par l'échappée d'une fenêtre un lointain de mer ou de pics neigeux, deux yeux grands ouverts apparus sur le mur nu désancraient la pièce, renversaient sa perspective, en prenaient charge comme un capitaine à son bord.* » (*RS*, 106).

D'un membre de la comparaison à l'autre, le regard fasciné s'inverse en regard fascinant ; c'est le même — mais marqué de la coupure d'identité du *comme* — qui « aimanté malgré lui », prend « charge comme un capitaine à son bord ». Perspective renversée qui est celle même du miroir et qu'une fois de plus le texte dénonce au moment où il la réalise. Projection fantasmatique du sujet en une histoire qui est bien la sienne, puisque Aldo prendra charge d'Orsenna à bord du *Redoutable,* mais qui ne sera jamais saisie comme le tableau la promet, puisque la « *scène de carnage* » (*RS*, 107) qu'il représente est cette fin dont le récit est amputé.

La présence latérale dans le récit de son point absent de convergence, en une figure qui tend vers lui mais ne peut le situer qu'en le décentrant et le défigurant, est l'homologue romanesque de la mise en abyme picturale : le portrait de Piero Aldobrandi fonctionne dans le texte de Gracq comme dans *Las Meniñas* ce miroir où apparaissent Philippe IV et Mariana d'Autriche, placés hors champ [9]. Découvrant l'absence qu'ils couvrent, marquant l'une par l'autre l'identité et la différence, ces deux enchâssements spéculaires fonctionnent dans le corps global de l'œuvre comme la métaphore dans le contexte où elle s'inscrit [10]. Comme elle ils introduisent une tension dans la texture signifiante qu'ils dynamisent en la compliquant [11].

Dans l'œuvre de Velasquez, les règles de la perspective veulent que l'image reflétée au miroir soit non pas celle directe des souverains, mais celle médiate du portrait que Velasquez est en train de peindre d'eux sur la toile dont on ne voit que le dos. Cette présence doublement indirecte de l'objet de représentation (le couple royal) a son équivalent dans le texte gracquien : la relation spéculaire du portrait de Piero Aldobrandi à la destruction hors texte d'Orsenna est réfractée, selon des angles variables d'incidence, par les deux descriptions du Tängri et des Jardins Selvaggi [12]. Ces trois versions de « *la flamme qui viendra sur l'eau* » (*RS*, 279), prophétie de l'embrasement final, sont, à la manière du miroir et de la toile retournée de Velasquez, l'une par rapport à l'autre, et chacune par rapport à l'épisode externe, dans un rapport fragmentaire et inversé. En cela encore la réflexion spéculaire opère selon le principe de la métaphore qui, déplaçant la chose en elle-même, installe le défaut et donc la reprise dans la nomination qu'elle produit. La figure n'est pas répétée identique comme celle de la vache joviale de Benjamin Rabier, mais toujours incomplète, elle est à chaque fois déformée. La mise en abyme se sépare par là radicalement de son modèle héraldique et jouxte cette autre irrégularité de la représentation qu'est l'anamorphose : la chose ne peut se montrer qu'altérée.

Vanessa dressée sur fond d'Orsenna, Piero puis Aldo devant Rhages (Aldo en face d'Orsenna) : d'un Aldo (brandi) à l'autre, et d'Orsenna à Rhages, la boucle est tracée, bâillant sur l'ultime représentation élidée. À chaque relais la perspective descriptive et la position du personnage dans le champ qui le circonscrit changent. Mais la même tension se retrouve d'un passage à l'autre entre la figure de premier-plan et l'arrière-plan qui la contient. Et la relation du sujet à l'espace est chaque fois figurée en termes érotiques.

la rose dans l'insecte

Vue en léger surplomb et profil perdu, Vanessa se tient « *le dos tourné au bruit de la ville* » (*RS*, 51) en une attitude symbolique de sa position à Orsenna, où elle est « *par excellence l'Étrangère* »[13] ; elle fait face à la « *coulée de fleurs* » dont la métaphore, tirant à la fois vers l'eau et la lave, inscrit Rhages sur l'autre versant d'Orsenna : la métaphore, elle aussi, est l'Étrangère, qui installe l'Autre au cœur de la place. Cette duplicité, que l'écriture de Gracq favorise par son ressassement, a son répondant dans la « *violence amoureuse et intimement consentie* » (52) avec laquelle Vanessa se saisit des choses et le « *sentiment de dépossession exaltée* » (51) qui en est le corollaire pour Aldo.

La description du portrait de Piero Aldobrandi intensifiant et resserrant ces traits, en déplace les significations, selon un forçage sémantique très caractéristique de la manière gracquienne. L'angle de vision est accentué en une « *perspective cavalière et naïve, très plongeante* » (*RS*, 106). La situation équivoque de Piero, campé en défenseur vainqueur devant la ville incendiée par sa propre patrie, est marquée dans sa relation ambiguë à l'espace qui l'identifie : « *Piero Aldobrandi, sans casque, portait la cuirasse noire, le bâton et l'écharpe rouge de commandement qui le liaient pour jamais à cette scène de carnage. Mais la silhouette, tournant le dos à cette scène, la diluait d'un geste dans le paysage, et le visage tendu par une vision secrète était l'emblème d'un surnaturel* détachement. » (107). Que, de son « *étrange regard intérieur* », Piero contemple l'abstraction de l'événement en spectacle (de la référence en représentation : Rhages brûle), ou qu'il en savoure l'inversion future (Orsenna brûlera), sa distance est l'autre face de sa violence, elle aussi érotique : « [...] *dans un geste d'une grâce perverse et à demi amoureuse* [...] *les oreilles closes au tonnerre des canons, il écrasait une fleur sanglante et lourde, la rose rouge emblématique d'Orsenna.* » (108). Le même geste qui efface broie. Violence et dépossession, dissociés aux jardins Selvaggi, sont ici joints, dans ce regard et cette main de Piero qui annulent l'une dans l'autre Rhages et Orsenna, prises toutes deux par la figure de la rose dans la même sexualité : « *Rhages brûlait comme une fleur s'ouvre* [...] *on eût dit* [...] *la voracité tranquille d'une végétation plus goulue, un buisson ardent cernant et couronnant la ville, la volute rebordée d'une rose autour du grouillement d'insectes de son cœur clos.* » (107). De cette rose métaphorique de Rhages, qui cerne la ville, « *volute rebordée* [...] *autour du grouillement d'insectes de son cœur clos* », à celle emblématique d'Orsenna que Piero écrase « *entre les pointes des doigts de son gantelet de guerre à la dure carapace chitineuse, aux cruelles et élégantes articu-*

lations d'insecte », il y a eu renversement complet de la figuration. En une double inversion, la rose qui couronnait est devenue enserrée, et les insectes enclos en elle l'insecte qui l'étreint. Contenant et contenu, victime et bourreau s'échangeant, la représentation est brouillée dans la figure érotique où sujet et objet se rejoignent au point zéro de leur abolition (rose écrasée, cœur clos) : l'espace englobant de Rhages flambant « *comme une fleur s'ouvre* » se contracte en la fleur d'Orsenna défaite par la poigne du traître-héros, le sujet dominateur (le coléoptère monstrueux) est issu du lieu matriciel confus d'un « *grouillement d'insectes* » indifférencié [14]. Cette instabilité, engendrée par la métaphore, suggère que la relation du sujet à l'espace est une relation à l'Autre, mais à un Autre en défaut. Quoique l'inclusion de la rose à l'intérieur de soi rappelle la structure en gigogne du blason, ce qui répète Rhages en elle-même, c'est Orsenna. Cette défection intime est bien, comme le dit Michel Murat, « *l'indice d'une identité profonde des antagonistes* » [15], mais elle est aussi, et plus avant, la marque d'une non-identité de chacun à soi.

Si, selon l'aveu de Gracq dans *Lettrines*, *Le Rivage des Syrtes* « *jusqu'au dernier chapître, marchait au canon* » [6] vers la bataille navale éludée, si c'est son « *fantasme qui a tiré, halé l'écrivain, excité sa soif, fouetté son énergie* », la description du tableau a dû être écrite non pour remplacer mais pour anticiper la scène avortée : écrite « *dans* [*sa*] *lumière* », dans son désir. Ainsi, par rapport à l'épisode futur vers lequel il tendait et l'épisode présent qu'il composait dans cette tension, l'auteur a pu se trouver dans une position comparable à celle d'Aldo devant le portrait de Piero : la figure totale du livre s'y promettait. Mais les promesses épuisent, en littérature. On peut supposer que Piero a dévoré Aldo comme, plus tard, dans « La Presqu'île », la métaphore, la mer puis la femme. Si donc le tableau, dans l'économie du récit (considéré à plat et non en mouvement), a pour fonction de signaler par réflexion une parole interdite ou impossible (le récit de la destruction) et ainsi de tourner la censure ou pallier l'impuissance, dans la dynamique de ce même récit, il a le rôle adverse de créer la censure et l'échec.

Cette ambivalence de la figure dans le désir est mise à jour à l'intérieur du tableau. La place de la rose et de l'insecte s'échangeant, le sexe et l'inceste qu'on y lit [16] sont désancrés de la représentation et par là échappent au sujet (Piero Aldobrandi), dont ils devaient constituer le sens, pour flotter dans une histoire où nulle prise précise ne s'offre à quoi les rattacher. Ainsi, dirait-on, le désir s'est joué de sa propre montre. La métaphore le permet qui, mouvant et mêlant les plans, introduit entre les composantes de la description des glissements où la possibilité point d'« *une autre localité, un autre espace, une autre scène* » [17].

pour un autre

Dans la toile de Longhone « *Rhages apparaissait surprise dans la torpeur amoureuse de la sieste* » (*RS*, 101) et l'incendie ressemblait « *au Tängri venant de nouveau faire grésiller ses laves dans la mer* ». Dans l'épisode de la croisière, Rhages dort et le Tängri est réveillé. « *La métaphore du tableau* [comme le remarque Ross Chambers] *s'est simplement réalisée* » [18]. Mais Aldo occupe la place de Piero et la prise de vues, dirait-on en termes de cinéma, s'est inversée de plongée en contre-plongée : « *Devant nous, à la toucher, semblait-il au mouvement de recul de la tête qui se renversait vers sa cime effrayante, une apparition montait de la mer comme un mur.* » (215). Cette inversion correspond à un dévoilement que le passage de la métaphore à la lettre a pour fonction de signifier : Aldo voit ce que la perspective du tableau (qui « *tronquait le sommet de la montagne* ») dérobait : « *Et, très haut, très loin au-dessus de ce vide noir, dressé à une verticale qui plombait la nuque, collé au ciel d'une ventouse obscène et vorace, émergeait d'une écume de néant une espèce de signe de fin des temps, une corne bleuâtre, d'une matière laiteuse et faiblement effulgente, qui semblait flotter, immobile et à jamais étrangère, finale, comme une concrétion étrange de l'air.* » (216). Le couple érotique constitué dans le tableau par la figure féminine de Rhages et celle phallique de Piero, jaillissant « *comme un poing tendu de la toile* » (107), est ici fondu, dans la jonction hermaphrodite de la ventouse et de la corne, en la figure unique et indifférenciée d'un sexe en activité. Le même resserrement des données de description qu'on observait en progressant des jardins Selvaggi au portrait de Piero Aldobrandi s'opère à nouveau ici. En parallèle, le décollement (effectué en métaphore) de la figure érotique par rapport à l'espace et au sujet de représentation qui l'ancraient dans la diégèse est cette fois directement signifié dans cette forme sexuelle paraissant « *flotter, immobile et à jamais étrangère, finale* ».

Finale et donc dernière. Le texte semble avoir à ce point rejoint ses propres significations, dans cette figure définitive d'un sexe totalement ambigu, et flottant. Mais aussi bien inconsistant : « *concrétion étrange de l'air* » (*RS*, 216), il n'en faudrait peut-être pas beaucoup pour que ce « *signe de fin des temps* » retourne à l'atmosphère dont il est issu. À l'extrême de la représentation, l'objet du désir est cette chose instable, à la limite de l'effacement. La béance, au bord de laquelle la comparaison s'arrête, trouve à se figurer dans la phrase suivante, sous la forme d'un cri *manquant*. Ici, encore, c'est la motilité métaphorique qui permet de cerner le manque : « *Le silence autour de cette apparition qui appelait le cri angoissait l'oreille* [...], *il évoquait la chute nauséeuse et molle des mauvais rêves où le monde bascule, et où le cri au-dessus de nous d'une bouche intarissablement ouverte ne nous rejoint plus.* » Comme dans le portrait de Piero Aldobrandi, la figuration alimente ses signifiés à son propre procès : le monde bascule au moment où la représentation s'inverse ; le cri paralysé du spectateur qui ne *monte* pas vers la vision angoissante devient celui de la bouche d'ombre qui ne *descend* plus vers le rêveur.

La description est bloquée sur cette ouverture tétanisée. Mais le privilège du récit est de pouvoir relancer en diégèse son progrès stoppé en figure. La forme bisexuée qui oscille sur le néant est prise dans le mouvement englobant d'un désir qui la dépasse, ce qu'avec Pierre Kaufmann on pourrait appeler la « *hantise de l'Autre originel* » [19]. On sait comment la ruée d'Aldo sur Rhages est narrée selon la figure graduellement déployée d'une offensive sexuelle, jusqu'au spasme final : « *Une minute, une minute encore où tiennent des siècles, voir et toucher sa faim, soudés à ce bondissement final de train rapide, se fondre dans cette approche éblouissante, se brûler à cette lumière sortie de la mer.* » (*RS*, 217). Juxtaposés l'un à l'autre, « *voir et toucher sa faim* » puis « *se fondre dans cette approche éblouissante* » sont mis en rapport d'équipollence : voir et toucher équivaut à se fondre, la saisie de l'objet du désir à une dissolution du sujet. On songe à Georges Bataille : « *L'expérience atteint pour finir la fusion de l'objet et du sujet, étant comme sujet non-savoir, comme objet l'inconnu.* » (p. 25 [4]). La métaphore et le dérapage des personnes qu'elle permet signale cette disparition, ou pour reprendre le terme lacanien, ce *fading* du sujet. Comme souvent chez Gracq, l'opération ne se fait pas ici à l'intérieur de la figuration, mais dans les blancs du texte, dans l'entrephrases. On la repère dans le glissement du *nous* de la personne collective (« *le rideau de lumières* [...] *nous protégeait, dissolvait dans la nuit notre ombre noire* » ; *RS,* 217) au *se* indéfini et pluriel (*soudés*) de l'être multiple et indifférencié. Le glissement parallèle de l'indicatif à l'infinitif accentue la désappropriation du sujet qui s'accomplit ainsi. Ce gommage de la personne laisse toute la place au mouvement en lequel le sujet est dessaisi de lui-même devant un autre qui se retire. Les trois coups de canon, par quoi Rhages répond à la « prise de contact » d'Aldo sont désignés dans la dispersion décalée de leur effet d'écho : « [...] *réveillant le tonnerre caverneux des vallées de montagne, on entendit se répercuter trois coups de canon.* » Ce déplacement prend tout son sens dans le chapitre suivant où Aldo, revenant en analepse sur ce qui s'est passé, comprend qu'il y a eu « *dans ce coup de* semonce *trop complaisamment souligné une nuance de dédain et de moquerie* » (219) par laquelle l'Autre s'est dérobé.

La rencontre à la minute suprême a avorté. Dans la métaphore cependant le fantasme en a été progressivement déroulé. Ainsi la guerre, « *pour les peuples* [...] *seule espèce de... rapports intimes* » (*RS,* 237), est inscrite par avance dans le texte dont elle sera évincée.

L'inachevé de la narration est achevé en figuration. La métaphore qui, selon Jean-François Lyotard, est « *l'accomplissement du désir* » (p. 15 [20]), œuvre aussi à son inaccomplissement. Comme dans « La Presqu'île », anticipant, elle consume. Mais par effet rétroactif, elle se nourrit de cette consomption. Si le corps à corps mortel avec le Farghestan n'avait pas été promis (quoique repoussé) à l'horizon du récit, sans doute la figuration fantasmatique n'en aurait pas travaillé la narration. Mais pour permettre ce travail, il fallait aussi que la promesse puisse (et plus obscurément peut-être doive) n'en être pas remplie. Qu'elle ne l'ait finalement pas été constituerait ainsi la marque profonde de la métaphore sur le récit.

Dans le roman cependant le phénix renaît de ses cendres. L'Autre dérobé réapparaît, sous un autre nom [21]. L'envoyé farghien, Vanessa, Danielo, Marino même (dont parfois « *le regard... sour*[*it*] pour un autre » ; *RS*, 125) sont autant d'avatars de cet « *ennemi très intime* », logé à la place même du sujet et dont le Farghestan n'est que la figure proéminente [22]. La fin du roman, dans laquelle Aldo s'entretient successivement avec l'envoyé farghien, Vanessa et enfin Danielo, correspond à un parcours de la périphérie au centre (Amirauté, Maremma, Orsenna) en lequel Aldo découvre la présence de plus en plus intime de l'autre, jusqu'à cette sorte d'*omphalos* qu'occupe Danielo au Conseil de Surveillance. Le lointain, dit P. Kaufmann en une phrase qui semble exactement épouser le progrès d'Aldo, « *le lointain est l'Autre, comme tel il est cet ami qui est l'Autre en mon lieu* » [23].

Si donc, comme le remarque Jean-Louis Leutrat, « *tous les personnages du* Rivage des Syrtes [...] *sont les doubles les uns des autres* » [24], c'est qu'ils sont chacun l'un pour l'autre cet Autre dans le désir de qui le désir du sujet trouve son point d'ancrage et son point de fuite [25]. On comprend que dans cette ronde le désir d'Aldo soit celui de l'Étrangère, et celui d'Orsenna, le désir du Farghestan.

comme un œil

Mais l'écriture gracquienne ne *tient* pas à ses significations. La dispersion du sujet dans ses doubles, sa désappropriation, s'ils paraissent à certains points du texte nettement signifiés [26], sont aussi bien ailleurs contredits par la figure opposée de la convergence et de la maîtrise :

Le sentiment intime qui retendait le fil de ma vie depuis l'enfance avait été celui d'un égarement de plus en plus profond ; à partir de la grande route d'enfance où la vie entière se serrait autour de moi comme un faisceau tiède, il me semblait qu'insensiblement j'avais *perdu le contact* [...]. J'avais cheminé en absence [...] loin de la Rumeur essentielle [...]. Et maintenant le sentiment de la *bonne route* faisait fleurir autour de moi le désert salé [...] une route royale s'ouvrait sur la mer pavée de rayons comme un tapis de sacre [...]. *(RS, 207)*

Aldo, tendu dans le désir du Farghestan est devenu, en transgressant, le Provocateur, digne de figurer en face de son modèle, le Transfuge ; Aldo-tout-court s'est fait Aldo-brandi [27]. La transgression apparaît comme un projet de virilité, de centrement et de complétude. Cependant, à regarder de près la suite du développement métaphorique, il s'avère que le point de convergence où le sujet se situe est lui-même impossible à fixer : « [...] *et aussi inaccessible à notre sens intime qu'à l'œil l'autre face de la lune, il me semblait que la promesse et la révélation m'étaient faites d'un autre pôle où les chemins confluent au lieu de diverger, et d'un regard efficace de l'esprit affronté à notre regard sensible pour qui le globe même de la terre est comme un œil.* » *(RS, 207)*.

On songe évidemment au « point sublime » de Breton, où les contraires cessent de s'opposer. Mais à se développer, la figure se met à dysfonctionner, jusqu'au non-sens. En premier lieu, le terme « *inaccessible* » *(RS, 207)*, projeté en tête de phrase, annule la promesse et la révélation du pôle qu'il qualifie. Ensuite la relative « *pour qui le globe même de la terre est comme un œil* » est proprement incasable. Qui est ce *qui*, dont il s'agit, le regard, ou l'objet de ce regard ? Que le regard pour qui la terre est un œil soit celui de l'esprit ou celui du corps, il est, étant nécessairement lui aussi œil, identique à cet œil que figure pour lui la terre. Dans cette circulation du même au même où le sens se perd, la figure de l'œil au regard insituable n'est pas sans évoquer le tableau de Magritte intitulé *Le Faux miroir,* qui représente un œil, dont le blanc reflète des nuages, cependant que l'iris est un trou noir opaque : ni comme regardant ni comme regardé, on ne peut y localiser le sujet.

Toutefois, ce qui dans l'œuvre picturale est organisé en représentation, dans le texte de Gracq semble un « incident de route », un brouillage du sens, un faux-pas de la figuration. On pourrait l'écarter, comme dû à un accès de fatigue de l'écrivain, si ce passage ne constituait un des temps forts du récit, et si surtout de tels moments n'étaient récurrents, où le texte vire, mettant en doute, en risque, ses propres significations. Comme dans la description de Piero Aldobrandi, le travail de la figure aboutit à l'ébranlement — qui va ici jusqu'à la dissolution — de l'objet de représentation. La signifiance paraît ainsi œuvrer dans l'écriture comme la pratique non-figurative en peinture. Dans l'effacement global des repères de représentation, l'expérience euphorique d'Aldo donne sur sa défocalisation : façonnant le sens, la figure atteint un point de manque, qui doit sous-tendre, quelle qu'en soit la tonalité, toute mise en forme — toute expérience — du sujet[28].

foyer aveugle

L'œil, point pivotal de la figuration, est un point aveugle. La suite, où le schème du désir se reforme, tourne à nouveau, mais cette fois de façon plus explicite, autour de la même figure d'un lieu focal qui est aussi lieu de cécité : « [...] *le jour aveuglant de la mer s'embrasait au foyer retrouvé de milliers de regards où j'avais tenu* [...]. » (*RS,* 207). Où d'abord, se place le sujet ? Au centre de convergence des regards, puisque celui-ci est « *retrouvé* » ; mais la structure de la phrase, qui n'introduit le sujet qu'en fin de course, et dans le plus-que-parfait du temps aboli, le met curieusement à l'extérieur de ce foyer où pourtant il doit tenir. Par ailleurs, la figure sous-jacente de deux surfaces réfléchissantes qui se renvoient la lumière (le jour *aveuglant* de la mer qui s'*embrase*), fait de ce foyer de regards où se situe le sujet le lieu où il doit être aveuglé.

On sait la récurrence, dans *Le Rivage des Syrtes*, du « *regard aveugle* » [29]. Or, à plusieurs reprises, la description du regard (ou de la lumière qui lui est associée) tourne autour d'un point de non-représentation — point aveugle — où la plus grande intensité correspond à un trou, qu'il soit signifié ou signifiant :

Ces yeux ne cillaient pas, ne brillaient pas, ne regardaient même pas, — plutôt qu'au regard leur humidité luisante et étale faisait songer à une valve de coquillage ouverte toute grande dans le noir, — simplement ils s'ouvraient là, flottant sur un étrange et blanc rocher lunaire aux rouleaux d'algues. Dans le désarroi des cheveux comme un champ versé, l'enfoncement de ce bloc calme s'ouvrait comme à un ciel d'étoiles. [...] Comme on raccorde dans la stupeur les anneaux d'un serpent emmêlé, s'organisait par saccades autour de cette tête de méduse une conformation bizarre.

(*RS*, 89)

La représentation progresse par cercles concentriques, qui vont en s'élargissant. Valve ouverte « DANS *le noir* », bloc ouvert « À *un ciel d'étoiles* », ou yeux « *simplement* » s'ouvrant « LÀ » : *sur* quoi donc ces yeux s'ouvrent-ils ? Dès le départ déportant le noir central à la périphérie (la valve est ouverte non *sur* mais *dans* le noir, alors que les yeux sont des « *puits naturels* » (*RS*, 89) dans le « *blanc rocher lunaire* » du visage), la description obéit à un mouvement centrifuge en lequel le centre béant ne se dit qu'en tant qu'il est fui.

Cette signification que la figure construit est reprise plus loin en une comparaison où apparaît en filigrane l'association de la lumière et du point d'aveuglement : « *Comme mordus un instant par un soleil trop vif, un point noir flottait devant mes yeux sur le scintillement des lumières.* » (*RS*, 89).

La métaphore de la méduse, explicite dans la description de la femme, se retrouve, implicite, dans celle de Piero Aldobrandi. À rebours, les éléments dissociés du « *soleil trop vif* » (*RS*, 89) et du « *point noir* », du regardé et du regardant, sont joints en *une* figure qui abolit la distinction de l'objet et du sujet : « *Mes yeux se rivaient à ce visage, jailli du collet tranchant de la cuirasse dans une phosphorescence d'hydre neuve et de tête coupée, pareil à l'ostension aveuglante d'un soleil noir.* » (108). Dans ce télescopage est manifestée à la surface du texte la figure qui circule entre les diverses représentations où sont associés le regard, le foyer, et l'aveuglement : celle d'un point absolu de non-regard, dans l'évidence duquel le pouvoir séparatif de l'œil est annulé [30].

L'oxymoron « *ostension aveuglante d'un soleil noir* » (*RS*, 108) éclaire (mais aussi, si on suit ses suggestions, aveugle ?) le fonctionnement figuratif du texte. Il donne forme éclatante à un procès obscur et douteux, par lequel sur un mot soudain détonnant, le texte accroche. Ainsi dans la méditation d'Aldo sur les « figures d'ombre » : « [...] *un instant du monde dans la pleine lumière de la conscience a abouti à eux — un instant en eux l'angoisse éteinte du possible a fait la nuit — le monde orageux de millions de charges éparses s'est déchargé en eux dans un immense éclair [...].* » (201). Entre la lumière de la conscience et l'éclair de la décharge, entre les tirets, un passage est signifié par le noir, par la nuit : l'organisation discursive ici mime le signifié de la comparaison à laquelle elle mène : « [...] *leur univers [...] a été une seconde celui de la balle dans le canon de fusil.* »

23

Mais le remarquable est que ce passage par la nuit de l'angoisse est un passage par un trou du sens : « *éteinte* » ne marche pas : pour que l'angoisse du possible agisse (fasse la nuit), il faut qu'elle soit active — allumée, non éteinte. L'adjectif abolit la figure qu'il devait compléter. Certainement, il y a eu effet d'anticipation et redondance : « *éteinte* » prévient « *nuit* ». Mais il est curieux que cette sorte de lapsus arrive dans cette même figure du point (ou du moment) aveugle où se repère, au long du récit, un travail particulièrement dense, et hasardeux, du sens.

mots—accrocs

Aldo est Roi « *sur la mer pavée de rayons comme un tapis de sacre* » (*RS*, 207). Vanessa est la reine du jardin qui vient « *prendre possession de son domaine solitaire* » (51), « *océan incendié* » (53). Quoique Aldo aille de l'avant et que Vanessa soit dressée dans une « *fixité de statue* » (différence qui définit leurs fonctions respectives dans l'économie narrative), leur position dans le milieu qui les contient est similaire : ils sont au centre d'une convergence de signes, d'un rassemblement.

Or de même que, la figure se dépliant, le lieu de confluence révélé à Aldo se dissout en un ailleurs insituable de l'espace et du sens, de même « *le singulier accord de* [la] *silhouette dominatrice* [*de Vanessa*] *avec un lieu privilégié* » (*RS*, 53) vire dans la phrase suivante à « *la solennité soudaine que prend un paysage sous le regard d'un banni* ». Que le paysage soit celui *dont* le banni est exilé, ou celui *où* il l'est (Rome ou Pont-Euxin), il désigne un lieu de dépossession, de désaccord, de séparation. Certes Vanessa est l'Étrangère « au cœur » d'Orsenna. Mais aussi bien sa royauté sur les jardins Selvaggi est celle d'un banni. On retrouvera dans « Le Roi Cophetua » une alliance comparable de la figure du Roi et de l'exclusion.

Ainsi une présence à soi et aux choses, une assurance, un accord magique se rêve, qui, dans le temps et l'œuvre même de sa figuration, est « dé-signifié », pourrait-on dire, « par la bande », en significations étrangères qui le déplacent et le mettent en question.

La relation entre la figure déployée dans son faste fantasmatique et ces accrocs, ces butées de sens, ne saurait se schématiser en l'opposition d'une thématique et d'une rhétorique, dont l'une produirait avec consistance un sens plein que l'autre, tout aussi assidûment, déconstruirait. C'est le même travail du sens, le même labeur de figuration qui donne forme au désir, et déforme. Et ce qui est signifié ici peut être ailleurs « dé-signifiant », de telle sorte que l'écriture de Gracq semble souvent à côté d'elle-même, déportée par la figure à la frontière de ses propres significations, prise dans une instabilité générale, et au fond, une *insouciance du sens*. Les taches noires de la figuration ne constituent donc pas tant, dans les plages claires, un système contraire, qui en serait la vérité secrète, qu'une zone de flottement, qui a peut-être affaire à un inconscient du texte, mais dont on ne saurait dresser de configuration. Non systématisable en interprétation, quoique repérable et récurrente, cette activité marginale peut être rapprochée de ce que Jean-François Lyotard appelle le « figural », « *ce qui est proprement différence, événement, inquiétante étrangeté, principe de jouissance* » (p. 380 [20]).

Au resserrement de la figure, donc, desserrement du sens, « *espace vacant ouvert par le désir* » (p. 22 [20]). La position très particulière de l'écriture gracquienne, qui paraît ne *se* rejoindre jamais totalement, peut être représentée par cette dernière figure du poète dont le tracé est débordé latéralement par le jet même de sa signifiance et bée sur le dessaisissement : « *D'un geste ou d'une inflexion de voix merveilleusement aisée, et pourtant imprévisible, comme s'agrippe infaillible le mot d'un poète, elle s'en saisissait avec la même violence amoureuse et intimement consentie qu'un chef dont la main magnétise une foule.* » (*RS*, 52).

Si la relation des choses à Vanessa (attraction magnétique qui n'est pas dénuée d'un certain masochisme) est assez claire, celle des mots au poète l'est moins. Vanessa *se* saisit des choses, le mot *s'*agrippe — mais que fait en cela le poète, où intervient-il dans un geste intransitif dont il n'est pas le sujet ? Il ne s'agit nullement, bien sûr, d'une version refourbie de l'inspiration créatrice. Mais alors que le contexte figuratif est celui d'un pouvoir présent du corps sur le monde ou les hommes, la comparaison apparemment redondante détourne cette signification vers une autre dont la seule relation certaine avec la première est que, précisément, elle est *autre*, une différence en laquelle le fantasme narcissique est déplacé — et révélé pour tel.

Ce doute, ce risque que la figure introduit en ses propres signifiés organisés est peut-être une forme, propre à Gracq, de la *chance* en laquelle Bataille voulait que l'écriture se mette en jeu — « *la chance, idée arachnéenne et déchirante* »[31]. Déchirure, mise en jeu du sens à laquelle le texte de Gracq renvoie un écho suggestif quoique déplacé : « *Il n'y avait rien ici qui parlât du repos dernier, mais au contraire l'assurance allègre que toutes choses sont éternellement remises dans le jeu et destinées ailleurs qu'où bon nous semble* [...] » (*RS*, 260).

UN LYRISME SANS CŒUR

« *Puis le désir n'est pas malheureux.*
Il est ouverture et liberté. »
J. DERRIDA [32]

motifs et figures

Au début d'*Un Balcon en forêt*, Grange s'endort dans un grenier surplombant le fleuve : « *Il s'endormit, sa main pendant de son lit au-dessus de la Meuse comme du bordage d'une barque : demain était déjà très loin.* » (*BF*, 16). Le voyage à rebours, amorcé ici, dans un temps du rêve qui rappelle la mort, aboutit en fin de roman à un même sommeil, sans doute dernier : « *Puis il tira la couverture sur sa tête et s'endormit.* » (253).

Les « vacances magiques » qu'est pour Grange la « drôle de guerre » équivalent dans le récit à cette durée circulaire, inscrite entre deux sommeils qui peut-être n'en font qu'un : durée-point, onirique, fantasmatique. Ces deux sommeils sont cependant différemment localisés. Moriarmé, où est situé le premier, constitue une pointe excentrique dans la géographie fictive du roman, dont le centre même est la chambre de Mona aux Falizes, où est placé le second. La circularité est imparfaite comme dans tous les récits de Gracq, le rêve porte l'histoire. Dans le hiatus créé par cette divergence spatiale tient le roman. Non seulement parce que l'histoire en est irréversible, mais parce que le trajet de la périphérie au centre (et inversement) est un mouvement essentiel de la diégèse et du texte. Grange va du blockhaus à la frontière, du rebord du plateau à la chambre de Mona, de la clairière à la lisière, comme le récit de cœur en confins ou de sommeil en éveil puis en sommeil encore. La circularité rompue du récit correspond ainsi à une tension, qui règle le texte entier, entre le bord et le centre, ou, version déboîtée, le fil et le cercle.

Le sommeil et son verso l'éveil balisent le récit, soit fictifs, soit figuratifs [33]. Par cette réversibilité ils sont comparables à la mer dans « La Presqu'île ». Mais, comme nous le verrons, les déplacements de la mer dans ce dernier récit engagent et découvrent directement la métaphore, dont ils mettent à plat (comme on fait en couture) le fonctionnement. Les descriptions, pièces du montage, sont essentielles à cet étalement en texte narratif du transport métaphorique. Le sommeil et l'éveil ont dans *Un Balcon en forêt* une position plus diverse et leur relation aux processus métaphoriques est médiate. Les transports de sens que leur double statut de motif et de figure entraîne dans le texte ne sont pas nettement articulés, comme ceux de la mer dans « La Presqu'île », en un jeu de la présence et de l'absence. Mais, explicitement associés au couple du cœur et de la lisière, ils sont pris dans un réseau de mouvements centrifuges et centripètes (déambulations de Grange et circulation thématique) qui sont comparables à ceux que la métaphore trace dans le récit. On pourrait dire que l'expérience de Grange est analogue à celle du lecteur dans les romans gracquiens : celle d'un centre décentré.

La description n'est donc pas, comme dans « La Presqu'île », le lieu de déplacements latéraux de diégèse en métaphore, mais le carrefour où motifs et figures du sommeil et de l'éveil, du centre et du bord, du cercle et du fil, se nouent et se dénouent, dans la relance du désir, en configurations variées. C'est à ces descriptions maîtresses que nous nous arrêterons.

cercles concentriques

La chambre de Mona est le lieu de convergence des trajets de Grange et le récit s'y localise à six reprises. Le premier épisode, de la rencontre sous la pluie et de la séduction de Grange par Mona, est dominé tout au long par la figure d'un cercle, ou d'une sphère, dont la position par rapport à Grange et le rayon changent. En voici brièvement les étapes :

a) Image de la garnison du blockhaus : « [...] *il s'imaginait* son monde *installé autour du poêle, dans la salle commune toute fumante* [...]. » (*BF*, 51). Le cercle, quoiqu'il soit celui dont Grange est le centre (le chef, ou le père : « *son monde* »), est figuré à distance et hors de soi, désirable d'être à l'orée, promise mais non encore atteinte.

b) Marche dans la brume et rêverie de Grange : « [...] *on avançait dans une clairière de la nuée qui se déplaçait avec vous* [...] *il y voyait l'image de sa vie : tout ce qu'il avait, il le portait avec lui* [...] *il n'y avait plus autour de lui que ce petit halo de conscience tiède, ce nid bercé très haut* [...]. » (*BF*, 52). Le passage par l'impersonnel (« *on avançait* ») permet la translation d'un cercle fixe vers lequel on tend à un cercle mouvant, à l'intérieur duquel on avance. Attirant le narrataire dans la fable, le pronom *vous* le situe avec le personnage dans le fantasme qui se forme. La forêt et la brume, qu'il faut traverser, s'incurvent en véhicule de cette traversée, si bien qu'est abolie la séparation, marquée dans le *Rivage* et dans « La Presqu'île » entre l'espace offert et la voiture qui le coupe de sa masse étrangère et close. Cet ébranlement du lieu, qui porte le sujet, mène à la métaphore du « *nid bercé très haut* », formulation autre du « balcon en forêt », et résolution particulière à ce roman d'un fantasme de voyage vers un lieu où l'on est déjà arrivé. La double inscription confondue d'un espace originel et d'un espace futur (final peut-être) dans le lieu présent d'une avance aveugle est la même qui se profile au début des *Eaux étroites* : « [...] *au contact de cette terre qui nous était de quelque façon promise, toutes nos pliures se déplissent comme s'ouvre dans l'eau une fleur japonaise : nous nous sentons inexplicablement en pays de connaissance, et comme au milieu des figures d'une famille encore à venir.* » [34].

Le retournement de la comparaison proustienne [35], de reviviscence mémorielle en préfiguration, est la marque exemplaire de cet élan vers un inconnu qui de toujours nous a été donné. Entre « cette terre qui nous ÉTAIT promise » et ces « figures d'une famille À VENIR », la présence heureuse du sujet gracquien au monde est celle d'un transitoire absolu parce qu'elle est *déjà* là où elle *va* : se laissant glisser, la durée du récit, jusqu'au sommeil final, Grange dans son désir n'aura fait que progresser vers ce demain qui dès le départ « *était déjà très loin* » (*BF*, 16) ; mais dans son histoire, de Moriarmé aux Falizes, il sera allé au centre absolu du décentrement, la mort, sans doute. Le fantasme maternel sous-jacent à ce schéma spatial, et que souligne le transfert de la chaleur du blockhaus * « maison des hommes » (114) à celle, narcissique, du « *petit halo de conscience tiède* » (52), trouve ainsi dans le modèle d'un *enveloppement mobile* sa parfaite figuration.

c) La pluie : « [...] *les flaques* [...] *s'élargissaient* [...] *toutes cloquées par l'averse qui redoublait de grosses bulles grises* [...]. » (*BF*, 52). En une prolifération très caractéris-

30

paradis - c'est facile - tu es bon - je suis bien là pour tou-
jours »), ce désir fait signe, cependant, dans sa dénégation :
« *Il ne se sentait pas tendu, ni anxieux : c'était plutôt une*
rivière dans l'ombre des arbres, à midi. » Les deux points,
qui introduisent une équivalence, ou une explication, l'adverbe
plutôt qui suppose une pertinence minimale à la correction
qu'il apporte, sont contredits par la rupture sémantique,
l'absence de *commune mesure* entre les adjectifs psycholo-
giques « *tendu - anxieux* » et l'identification « *c'était [...] une*
rivière », issue du registre différent du monde physique.
Le déplacement du pronom personnel *il* à l'indéfini *ce* accroît
l'étrangeté de ce virement : qui ou quoi est une rivière,
exactement ? Au point même où la figure prend l'élan en
lequel elle donnera forme au désir (au fantasme d'une jouissance délivrée du désir), elle manifeste le déni de désir sur
lequel cet élan est pris. *Plutôt* dessine en creux, derrière la
figure de la rivière, un champ de figures évitées, mais que
le texte profile dans les adjectifs *tendu, anxieux* et dans le
substantif *fièvre*. C'est en ces termes en effet que le désir
est ailleurs décrit. Par exemple dans le *Rivage* : « *L'ardeur qui*
me jetait vers elle se contentait et s'éteignait vite, comme
la poussée de fièvre triste de l'après-midi des lagunes. »
(*RS*, 162). Ou encore : « *De tous nos nerfs tendus, la flèche*
noire du navire volait vers le géant illuminé. » (216). Et dans
« La Presqu'île » : « *Et de nouveau il fut amoureux : il sentit*
se former en lui une vague brûlante et triste qui courait
comme un feu de forêt, laissant le monde après elle aride
et mort. Non pas l'impatience ! non pas cet effort nul et
condamné qui se défaisait à mesure, comme la mer, au
moment d'atteindre. » (*P*, 175).

Corrodée par la poussée du désir, la jouissance ne peut
en être que le devancement et le désaveu. Le désir chez Gracq
calcine, désagrège, il porte la mort. Tout le projet d'*Un Balcon*

en forêt est donc de tracer un domaine de jouissance en marge du désir (ce que fait aussi « La Presqu'île » dans ses échappées géographiques). Plus exactement, en marge de sa figuration : le désir de l'Autre, femme ou ennemi, quand il est figuré, et par là dénommé, consume et dissipe son objet. Le trait spécifique du *Balcon*, c'est de situer d'entrée de jeu la fable dans la jouissance, de telle sorte que le désir dès le départ disséminé, éparpillé, puisse n'être plus dans le récit qu'une irradiation diffuse : de mobile il devient milieu, mode confus d'être au monde et de relation aux choses : désappropriation heureuse du sujet. Cette rivière le dit bien, dont on ne sait ce qu'elle identifie : en fait elle résorbe l'identité dans une sorte de neutralité inhumaine, une évidence étale et ombrée de désindividuation, où sujet et objet ne sont que le lieu anonyme d'une jouissance indistincte.

En Mona, Grange est donc situé au centre d'une série de cercles concentriques : corps de Mona, lit, chambre, hameau, clairière, forêt, totalité d'un encerclement spatial qu'il traduit en temps : « [...] *c'est facile — je suis bien là pour toujours.* » (*BF*, 67) [39]. Mais ce lieu central est d'abord un lieu marginal. Mona, adolescente, à peu près orpheline, et veuve, est dépourvue d'attaches et d'état ; la chambre des Falizes est perdue dans les Ardennes, près de la frontière belge ; la période, ni paix ni guerre, est comme en bordure de l'Histoire [40] ; Grange lui-même a « *toujours été rattaché par un fil pourri* » (212).

Ainsi Mona, l'Unique et la Solitaire, est dans le récit la forme achevée de ses prémisses imaginaires, elle est cette forme seule en laquelle le centre peut se rêver : l'absence ou le déport de centre, l'instabilité. La figure d'un centre en périphérie (comme si Aldo imaginait de s'installer sur la ligne rouge interdite) domine la rêverie de Grange : « *Quelquefois il se représentait deux armées de sentinelles conti-*

nuant indéfiniment leur faction de chaque côté d'un border
*.devenu une jungle d'herbes folles : c'était l'idée qui lui plai-
sait le plus* [...]. *Il vivrait là, avec Mona.* [§] — *Oui, qui sait ?
se disait-il, en plissant un peu les paupières contre une
poussée de joie aveugle qu'il n'avait jamais connue et qui
lui faisait peur* [...]. » (*BF*, 94-5).

Entre la jouissance donnée d'origine qu'est la possession
de Mona, et cette « *poussée de joie aveugle* » (*BF*, 95) qui fait
« *peur* », l'interdit a fait surface en signification. Mais en
déstabilisant la zone marginale qui constitue l'espace de son
récit, Gracq déplace la figure du désir qui s'y informe. Alors
que pour Aldo, il s'agissait de courir au-delà, à un Autre
refusé et fixe, pour Grange le désir est de se maintenir en
deçà, dans un espace de jouissance livré à la précarité —
autorisé par elle qui, obstacle à la durée, en est la modalité,
menace à la jouissance, en est l'exigence.

Dans cette tension le récit trouve son assise, et la liberté
de configurer le désir, au croisement de ses lignes d'incertitudes, entre centrement et marginalité : pour rêver de
centre il n'est que d'être au bord, mais le centre renvoie au
bord, qui interdit le centre. Ce mouvement de va-et-vient est
comparable au trajet métaphorique du même à l'autre : pour
dire le même il faut passer par l'autre, pour nommer errer,
mais le même ainsi saisi renvoie à l'autre qui, le saisissant,
le dessaisit. Tout comme le sens métaphorique n'existe que
dans sa circulation de l'autre au même et ne peut se fixer
qu'en elle, décevant ainsi toute visée d'atteinte dernière, ainsi
la rêverie de Grange ne s'avère possible que dans le mouvement, piégée par cela même qui était sa licence : « *Pourtant, même dans cette pensée il se reposait mal : de ce faux
sommeil du corps qui, toute la nuit, équilibre le roulis léger
d'un rapide en marche.* » (*BF*, 95). La marche dans cette
phrase est celle de l'événement. La figure d'un centre excen-

trique ne résiste pas au mouvement qui la fonde — à l'avance du temps et du récit.

d'un sommeil à l'autre

Il est une autre forme de marche, littérale, qui permet de se mouvoir du centre au bord, sans devoir résoudre leur altérité : ce sont « *dans la liberté des chemins rouverts* » (*BF*, 83) les trajets de Grange entre la maison forte, la frontière et la chambre de Mona. La huitième section est entièrement faite de ces déambulations ; elle va depuis le départ de Grange, « *au petit matin* », du blockhaus vers la chambre où il réveille Mona, jusqu'à son retour dans le fortin aux « *premières lueurs de l'aube* » (103), après une brève visite à Mona qu'il laisse endormie. Le trajet temporel d'une aube à l'autre est aussi un trajet de sommeil à sommeil. La durée qui s'étend entre les deux pôles se décompose en une suite de déplacements spatiaux qui sont tous également marqués par le sommeil ou la veille, soit en diégèse, soit en métaphore. En voici la séquence :

a) de la maison forte à celle de Mona, sommeil métonymique, puis métaphorique : « [...] *il aimait ce temps protégé où il abordait des longs sommeils et des journées courtes : c'était un temps volé, qui dormait mal, mais meilleur à prendre que tout autre* [...]. » (*BF*, 83-4) [41].

b) éveil et sommeil, puis sommeil et éveil diégétiques de Mona, encadrant le sommeil métaphorique du monde : « [...] *le monde avait perdu son recours ; on eût dit que de son sommeil même une oreille s'était détournée.* » (*BF*, 86).

c) au blockhaus, sommeil métaphorique de la guerre :

« [...] *ce qui venait n'était pas le sommeil de l'hiver ; on pensait plutôt à ce monde qui avait dételé aux approches de l'an mil, la mort dans l'âme* [...] *le meilleur, maintenant, c'était vraiment le sommeil bien ivre sur la grève ; jamais la France, un goût de nausée dans la bouche, n'avait tiré le drap sur sa tête avec cette main rageuse.* » (*BF*, 93).

d) patrouilles de nuit à la frontière, sommeil-éveil méta-phorique : « [*ce*] *n'était pas la fumée obtuse du sommeil, mais plutôt une exhalaison lucide et stimulante qui déga-geait le cerveau et faisait danser devant lui tous les che-mins de l'insomnie. La nuit sonore et sèche dormait les yeux grands ouverts* [...]. » (*BF*, 100). Ensuite, sommeil diégétique : Grange « *s'endormait un peu malgré la faim sur l'herbe gelée* [...]. *Il rêvait de ce qui serait.* » (101).

e) retour à la maison de Mona : « *Il ne la réveillait pas.* » (*BF*, 102).

D'un sommeil ou d'un réveil à l'autre, littéral ou figuratif, nul schéma ne se dessine qui permette de dégager un prin-cipe de répartition, un système de déplacements, sinon le schéma même de ce manque, dont la loi est la négation. Celle-ci ne touche pas les sommeils diégétiques de Grange et de Mona, mais règle, en une articulation rigoureuse de la contradiction, le sommeil ou l'éveil figuratifs de l'hiver, de la guerre et de la nuit. Reprenons-en rapidement les termes, en ne conservant que les mots clefs :

1) « *temps* [...] *des longs sommeils* [l'hiver] - *qui dormait mal - mais meilleur* »

2) « *pas le sommeil de l'hiver - plutôt* [...] *ce monde qui* [...] *la mort dans l'âme - le meilleur* [...] *c'était vraiment le sommeil bien ivre* »

3) « *pas la fumée obtuse du sommeil - mais plutôt une*

exhalaison [...] *qui* [...] *faisait danser les chemins de l'insomnie - la nuit* [...] *dormait - les yeux grands ouverts* »

Le détour négatif est une constante de l'écriture gracquienne, on le sait : dire ce qui est en disant ce que cela n'est pas. Ce passage par la négation de l'autre pour dire le même étale, pourrait-on dire, le paradoxe métaphorique dans l'écriture : alors que la jonction « être/n'être pas » est, comme le montre Paul Ricœur dans *La Métaphore vive*, implicite dans la métaphore et dans le *comme* comparatif, elle est signifiée dans le détour négatif, qui la produit à la surface du texte. Le paradoxe serait ainsi désamorcé, la négation de l'autre faisant voie au même, si ce « même » à son tour n'était une métaphore où le paradoxe de l'« être/n'être pas » se renoue, engendrant un nouveau passage par la négation, et une nouvelle métaphore. Se frayant ainsi un passage réciproque, négation et métaphore manifestent la loi d'inadéquation qui les sous-tend : le défaut de l'objet où le désir trouve son jeu et l'écriture son jet. La métaphore, travaillant l'imaginaire en symbolique, œuvre comme la négation à l'ouverture de ce que J.-F. Lyotard appelle « *la dimension transversale, verticale, de la désignation* » (p. 118 [20]).

Dans leur concours, cependant, pourquoi métaphore et négation s'épuisent-elles ? Pourquoi la chaîne (que Lacan nommerait métonymique) du désir finit-elle ? L'écriture métaphorique chez Gracq obéit à un rythme dont « la trouvaille » en italique semble souvent donner la mesure et où le désir sans doute a son mot [42]. Ainsi dans une des trois descriptions qui nous occupent, et que nous citons maintenant en son entier, pour qu'on puisse y suivre l'alternance systématique de la diction métaphorique et de la négation.

De temps en temps une feuille sèche se détachait d'une branche et glissait sans bruit jusqu'à la chaussée, insignifiante dans l'air clair et froid, mais ce qui venait n'était pas le sommeil de l'hiver ; on pensait plutôt à ce monde qui avait dételé aux approches de l'an mil, la mort dans l'âme, lâchant partout la herse et la charrue, attendant les signes. Non pas, songeait Grange, qu'on guettât cette fois le galop de l'Apocalypse : à vrai dire, on n'attendait rien, sinon, déjà vaguement pressentie, cette sensation finale de chute libre qui fauche le ventre dans les mauvais rêves et qui, si on eût cherché à la préciser — mais on ne s'en sentait pas l'envie — se fût appelée peut-être le *bout du rouleau* : le meilleur, maintenant, c'était vraiment le sommeil bien ivre sur la grève ; jamais la France, un goût de nausée dans la bouche, n'avait tiré le drap sur sa tête avec cette main rageuse. (*BF*, 93)

Le bout du rouleau, bout de l'écriture ou de l'existence, déroulée, épuisée (comme on est « au bout de son rouleau »), joint dans une figure unique la double béance en bord de catastrophe, la vacillation en rupture de phrase et de vie, qui paraît si souvent régler, de sa promesse et de sa menace, la figuration gracquienne. La mesure de la négation et de la métaphore, le mot du désir, est ici la mort [43].

Le principe de négation non seulement règle chaque description du sommeil dans son développement interne, mais les articule les unes aux autres, quoiqu'elles soient, évidemment, séparées dans le texte : les « *longs sommeils* » (*BF*, 83) de l'hiver en 1) sont niés en 2) ; le « *sommeil bien ivre* » (93) en 2) est nié en 3) (*obtuse* équivaut à *ivre*). La négation *à distance* fait d'un trait de l'écriture gracquienne une loi particulière de ce texte. Le sommeil et l'éveil, lieux de la contradiction systématique, sont joints ; la négation, qui les oppose, est aussi ce qui les relie. Elle est voie de passage entre ce qu'elle sépare. Ce retournement de la contradiction est thématisé à la fin de l'épisode, alors que Grange veille sur Mona endormie : « *Il lui semblait que sa vie s'était décloisonnée, et que toutes choses y tenaient ensemble par cette porte battante qui brouillait les heures du sommeil et du jour, et*

le jetait à Mona du creux de la nuit de guerre éveillée. [...]
la même épaule énorme de la marée qui balayait la terre les
soulevait, portait ensemble la veille et le sommeil. » (*BF*, 103).
Le centre qu'occupe Mona endormie et le bord, que dessine
la frontière alertée, sont contigus et se tiennent, quoique exclu-
sifs l'un de l'autre. Les trajets de Grange sont ainsi le moyen
diégétique et le sommeil la forme thématique d'une circulation du sens où, par le va-et-vient de la contradiction, une
version euphorique du centre décentré peut s'ébaucher.

le fil

La treizième section fait pendant à la huitième. Le trajet
y est simplifié en ses deux directions essentielles : centrifuge
vers la frontière, centripète vers la maison de Mona. Le sommeil se déplace du diégétique au métaphorique. Sa seule
inscription dans la fable est négative : Grange empêche Mona
de s'y réfugier contre « *la guerre pour de bon* » (*BF*, 165) :
« *ce sommeil était parfois un recours subtil, à la manière
de ces bêtes douces qui* font le mort *devant le danger* ». Le déni
de ce sommeil-refuge est à l'opposé du « consentement
aveugle » qui, dans la huitième section, laissait Grange « paci-
fié ». Il prélude immédiatement au départ de Mona : le centre
se vide, Mona et le sommeil en figurant concurremment la
forme pleine. Il annonce l'accord inverse du sommeil final,
dans lequel, très exactement, Grange « *fait* le mort » [44]. Quoique les sommeils figuratifs de l'armée et de la terre forment
un réseau d'échos contradictoires comparable à celui de la
huitième section, l'accent dans cette section-ci est déplacé
sur un autre motif-figure : celui du fil ou de la ligne. Sa relation au sommeil est indiquée dans le jeu d'une double référence à Rimbaud qui lie nettement les deux sections :

1) [...] le meilleur, maintenant, c'était vraiment le sommeil bien ivre sur la grève [...].   (*BF*, 93)
2) Il y avait un charme trouble, puissant, à se vautrer dans ce bateau ivre qui avait jeté par-dessus bord son gouvernail, puis ses rames — le charme étrange du *fil de l'eau*.   (*BF*, 157)

Comme le sommeil, le fil appartient à la diégèse : il s'agit du réseau de barbelé qui marque la frontière. Comme lui aussi, il circule en métaphore à travers le passage (et le récit entier). Mais alors que le sommeil est le plus fortement associé au centre, le fil est lié au bord. Non sans ambiguïté, cependant. Dessinant la limite, il constitue le pôle extrême du centre (la circonférence, la frontière) ; partant du centre, il peut soit s'en éloigner indéfiniment (le fil de l'eau), soit y relier le bord (le rayon, la route). Il signifie par là le rattachement aussi bien que le détachement. La treizième section est un mouvement d'une valeur à l'autre, en une série de retournements :

a) lien au centre (occupé en l'occurrence par Varin) : « [...] *le capitaine tenait maintenant ses chefs de poste au bout de sa ligne comme un poisson qu'on vient de ferrer et qu'on promène — quelquefois même il leur* donnait du fil. » (*BF*, 152). Dans le corps de Mona Grange était « "*comme un poisson dans l'eau*" » (67). Le renversement de la figure, d'aise en contrainte, l'ironie, que souligne l'italique, d'une servitude donnée pour liberté, annoncent l'abandon du centre comme localité fantasmatique, et le renoncement à l'innocence de la jouissance. Œuvrant, en un constant déport de ses propres significations, à proximité ou à distance, la figure fait de l'écriture gracquienne le lieu d'incertitude qui est le terrain privilégié de sa fiction.

b) détachement : « *Au fil de ce layon zigzaguant, le sens de la direction se perdait très vite. Une sensation de bien-*

être qu'il reconnaissait envahissait l'esprit de Grange ; il se glissait chaque fois dans la nuit de la forêt comme dans une espèce de liberté. » (*BF*, 159). On lit, en ce bien-être d'un enfoncement sans résistance, une version autre de la jouissance de Mona. L'espace indécis, du chemin zigzaguant et de la forêt anuitée, est comme le corps de Mona un champ euphorique de liberté. Cependant l'interdit que la possession de Mona avait esquivé fait signe ici subrepticement dans le verbe *se glisser*, avant d'être au paragraphe suivant signifié.

c) lien par la frontière : « *La frontière le fascinait* [...]. *C'était une ligne de vie qui le reliait, tendue seule au travers de la nuit pesante.* » (*BF*, 160).

d) détachement par la frontière : « *Ce qu'on avait laissé derrière soi, ce qu'on était censé défendre, n'importait plus très réellement ; le lien était coupé ; dans cette obscurité pleine de pressentiment les* raisons d'être *avaient perdu leurs dents.* » (*BF*, 161). Le soutien perdu (« on n'est pas soutenus », dit Hervouët), les raisons d'être lâchant, le lien rompu, l'autre face de l'immersion spatiale apparaît : le dessaisissement du sujet dans un déliement total : « *Tout, autour de lui, était trouble et vacillement, prise incertaine ; on eût dit que le monde tissé par les hommes se défaisait maille à maille* [...]. » (162). Immédiatement après, Grange renvoie Mona. Le mouvement centripète de retour aux Falizes qui succède à la marche centrifuge vers la frontière, n'est pas un retour au centre, mais son évacuation.

Le remarquable, dans le mouvement de décentrement qu'opère cette section est qu'il se fait par la figure même du centre. À la frontière, Grange ne trouve pas seulement le fil mais le cercle d'une clairière, de l'autre côté : « [...] *toute l'immensité de l'Ardenne respirait dans cette clairière de fantômes, comme le cœur d'une forêt magique palpite autour de sa fontaine.* » (*BF*, 161). Mais ce cœur, qui s'avoue ici « *lieu interdit* » (159), est curieusement décentré, puisqu'il palpite non pas au centre de lui-même, mais à côté, non pas *dans* la fontaine, mais *autour* d'elle. La clairière fantomatique, dont la « *pente lisse* » est givrée « *d'une lumière froide, minérale* » (161), apparaît ainsi comme un vide, un centre absent, déporté à la lisière de lui-même, et d'accès défendu, au-delà de la frontière.

Comme dans *Le Rivage des Syrtes* le dérapage du sens se fait sur une préposition indicatrice de relation spatiale. Car ce n'est pas véritablement à un autre nommable que le sujet gracquien a affaire, mais à cet Autre originel dont le retrait courbe l'espace en aire de désir incessamment variée.

De la version précédente, décloisonnement où « toutes choses tenaient ensemble », à celle-ci, démaillage où elles se séparent, le décentrement s'est radicalisé. Le centre n'est plus joint au bord par le libre passage, mais déplacé à l'extérieur, et du bord et de soi. Cette divergence se marque dans la reprise de la figure de la vague :

[...] la même épaule énorme de la marée qui balayait la terre les soulevait, portait ensemble la veille et le sommeil.   (*BF*, 103)
[...] il ne restait qu'une attente pure, aveugle, où la nuit d'étoiles, les bois perdus, l'énorme vague nocturne qui se gonflait et montait derrière l'horizon vous dépouillaient brutalement, comme le déferlement des vagues derrière la dune donne soudain l'envie d'être nu.   (*BF*, 162)

le cœur n'y était plus

La figure du cœur absent s'était déjà trouvée dans le récit, qualifiant Paris dans un épisode antérieur à celui que nous venons de considérer : « *Grange renoua* [...] *quelques amitiés distraites, mais le cœur n'y était plus, et c'était le cœur de la ville : Paris n'était plus qu'une gare, un battement de portes entre deux trains* [...]. » (*BF*, 142).

Dans le retournement de l'antanaclase, on reconnaît le passage par le négatif qui a paru lié à la première forme du centre décentré. Le « *battement de portes* » (*BF*, 142) fait écho à la « *porte battante* » (103) par quoi la vie de Grange se décloisonnait. Autre forme d'un centre ouvert à tous vents, mais, par sa place dans le récit, délogé de lui-même. Par rapport à l'Ardenne, où est établi le roman, Paris « cœur » de la France, est à la périphérie ; de même cette *permission* de Grange, quoique située à peu près au milieu du récit, est, par rapport à l'« action » principale (le manque d'action), une digression. Le même transfert nécessaire du centre au bord, qui a placé la chambre de Mona dans un hameau perdu proche de la frontière, opère à nouveau dans cet épisode : Grange quitte « *ce nœud de routes* » (144) qu'est Paris pour un lieu doublement marginal, la campagne en bordure de Chinon, « *décrochée du temps* ». La même plénitude que Grange va chercher en Mona à travers les jardins [45] est ici pareillement associée aux maisons « *mariées plus que d'autres à l'heure qu'il est, épanouies calmement dans la douce lumière mousseuse, pareilles à une femme au jardin* » (145).

Du fait même qu'il est en marge de la diégèse, l'épisode peut se charger d'une valeur emblématique : il contient deux versions du centre décentré, l'une fantasmatique, l'autre onirique. La première est une reprise des « *rêveries préférées du Toit* » (*BF*, 146), fantasme de décentrement fixé en « *manière de vivre* » (147) par cette sorte de solidification du temps en un bloc sans coupure, dont Mona avait fourni la première figure :

[...] on pouvait rêver malgré soi, après cette étrange demi-saison, cette plongée dans la lumière de nuits blanches, d'un jour neuf se soudant à l'autre sans solution de continuité. Peut-être le pays allait-il pour de longues années transplanter, sécréter à ses fron-tières un peuplement de luxe, une caste militaire paresseuse et violente [...]. Des espèces de rôdeurs des confins, de flâneurs de l'apocalypse, vivant libres de soucis matériels au bord de leur gouffre apprivoisé [...].   (*BF*, 146)

Cette jonction euphorique du bord et de l'attache que permettaient déjà les trajets de Grange, se retrouve dans la seconde version, le « rêve voluptueux » de Grange sur Mona Les éléments essentiels entre lesquels se trace la figure du centre décentré sont inscrits dans ce rêve, mais transposés en une représentation verticale. La relation du bord et du centre y est assurée par la figure familière du surplomb : « *Le silence, et la hauteur, la rumeur de mer étaient ceux* [...] *des falaises très élevées d'où l'œil plonge sur le cœur d'une ville.* » (*BF*, 148-9). Mais la tentative de figurer le centre décentré dépasse la juxtaposition : la possession érotique qui, on l'a vu, constituait le centre d'une série de cercles concentriques, est rêvée sur le mode opposé de l'attache exté rieure et médiate, sans contact direct et en ligne droite (par la corde qui pend Mona à Grange).

La pendaison joint en une seule représentation la verti-calité apollinienne associée à Mona, « *ce côté de plante au soleil... Cette manière... de pousser si droit, si dru dans le fil de la vie* » (*BF*, 147) au « vice » qu'on pourrait dire « satur-nien » de Grange, « *cette sensation bizarre de chute libre, cette nausée flottante* », dont Mona est exclue et qui est « *peut-être l'essentiel* ». Elle résout l'opposition en associant croissance et chute en l'étirement unique d'un fil, conducteur de volupté parce qu'instrument d'une mort différée : « *[...] par la corde qui étranglait Mona [...] il lui venait [...] une communication si exquise de son* poids *vivant et nu qui l'éti-rait, qui le traversait et qui le comblait, qu'il éprouvait une*

45

volupté jamais ressentie [...]. » (148). Le poids, ici *moyen* de jouissance et de mort, est dans *Le Rivage des Syrtes* l'indice d'une sexualité déprenante, celle des nuits de Maremma ou celle de Vezzano : « *pesanteur brûlante et molle* » (*RS*, 147) de Vanessa abandonnée. La pulsion de mort dislocante, dissolvante, qui y remue, est la force de désordre sous-jacente que le rêve organise en une représentation cohérente. Or, comme le montre Jean-Pierre Richard à propos du remarquable *à tombeau ouvert* du *Rivage des Syrtes*, la remise à la pesanteur, dans l'abandon vertigineux au dessaisissement, est pour le personnage gracquien une expérience centrale, et létale [46]. C'est le vice nauséeux de Grange, mais c'est aussi celui de Simon dans « La Presqu'île » : « [...] *les seuls moments de sa vie qui lui avaient paru valoir la peine de les vivre avaient ressemblé à cette vrille qui s'enfonçait toujours plus bas à travers les arbres. Il soupçonna qu'Irmgard n'était peut-être que le nom de passage qu'il donnait ce soir à cette glissade panique.* » (*P*, 143-4) [47]. Le travail de cohésion, la « bonne forme » comme dirait Lyotard, que la mise en scène onirique réalise, est indirectement reconnu par le texte : « *Toute la matinée qui suivit cette trouvaille bizarre du rêve le laissa flotter dans une espèce de chaleur épuisante, dévorée.* » (*BF*, 148).

Le bizarre, en fait, ce n'est pas seulement la *trouvaille* du rêve mais ce terme lui-même, appliqué au rêve. Car le rêve n'est pas trouvé, mais donné, et ne « trouve » qu'analysé. La trouvaille définit pour Gracq une rencontre heureuse de mot, où la tension d'écrire est en quelque sorte déchargée. Le terme désigne donc un lieu de jouissance où le désir de l'écriture trouve son accomplissement, que souligne l'italique. Dans cette « trouvaille du rêve », c'est donc sa propre résolution que le texte célèbre : la dramatisation d'un poids qui, loin de précipiter la chute dans la jouissance et la dissolution, la *retiendrait.* Tout ce contre quoi cependant cette représentation est construite se presse et se concède dans une restriction, flottante sur le non-dit : « *Et c'était* QUAND MÊME, *se disait-il, un étrange, un poignant rêve d'amour, d'une intimité vraiment bouleversante.* » (*BF,* 148).

Le rêve de Grange, par son caractère onirique même, permet de mettre en abyme, dans un centre décentré du récit, la figure achevée — parce que cohérente, quoique radicalement contradictoire — d'un centrement extrême en un bord ultime. Charnière entre le temps de la jonction (par les trajets du bord au centre) et celui de la disjonction (par le déplacement du centre au bord), il serre les éléments épars de la figure en une représentation que son impossibilité autorise.

lâchez tout

Dans la treizième section Grange trouvait le cœur de la forêt au bord de la frontière, qu'il ne passait pas. L'interdit était alors la condition et la forme d'un centrement extérieur au sujet. Grange était au bord d'un centre excentré autour de soi-même. La version la plus purement fantasmatique, d'un centrement absolu en soi dans le décentrement complet de soi, est au contraire permise par le passer-outre de la dix-huitième section, où Grange marche seul sur la route ouverte à l'ennemi : « *Je suis peut-être de l'autre côté, songea-t-il avec un frisson de pur bien-être ; jamais il ne s'était senti avec lui-même dans une telle intimité.* » (*BF,* 211).

Le fil qui ne rattache plus à rien (la coupure est signifiée à plusieurs reprises dans le passage [48]), ouvre le monde et fait du sujet le centre de ce total décentrement : « *Marcher lui suffisait : le monde s'entr'ouvrait doucement au fil de son chemin comme un gué [...]. Il se sentait un peu comme un ivrogne, qui vacille seulement parce que tous les* axes *à la fois, soudain, passent par lui : législateur et juge, invulnérable, racheté.* » (*BF*, 212).

Cette forme ultime du trajet rappelle l'expédition d'Aldo vers le Farghestan. Dans les deux cas l'angoisse fonde la pénétration euphorique de l'espace. Mais Aldo marche vers Rhages, Grange vers rien. L'Autre, dont le manque tend l'espace, n'est plus figuré que par ce manque même : l'absence totale de sa figuration [49]. Jamais peut-être le texte gracquien n'approche si étroitement, par la complétude de son silence, la version figurale du sujet : lieu de croisement des axes parce qu'abandonné.

À partir du moment où Grange blessé referme sur lui la porte de la maison de Mona, le texte progresse selon un mouvement constant de négation, dans lequel ses significations antérieures se défont. Nous n'indiquerons de ces virements que ceux qui portent sur le centre décentré :

a) La première figure est celle du centre : « *il se sentait blotti là comme dans un ventre* » (*BF*, 249) mais associé à la coupure : « *la porte claquée sur lui avait tiré un trait* », et au vide « *fantomatique, béant, fade* » (250).

b) La relation que nous avons suivie entre Mona (centre) et frontière (bord) est explicitée : « *Le souvenir lui revenait maintenant des rondes de nuit dans la forêt, au bord de la frontière muette, d'où il était tant de fois remonté vers ce lit, vers Mona.* » (*BF*, 250). Mais ce qui avait été vécu comme une ouverture ou un dépouillement euphorique est repris sur le mode du manque, du *rien* et du *personne* : « *Rien n'avait pris corps.* » Ainsi sont niées la jouissance du corps

« *gorgé, ouvert* » de Mona, comme celle, qu'elle préfigure, d'un monde s'entrouvrant « *comme un gué* ».

c) Logé au centre, Grange est déporté au bord : « *Allongé sur le lit, dans le noir, au creux de la maison vide, il redevenait le rôdeur aveugle qu'il avait été tout l'hiver ; il continuait à glisser sur une lisière crépusculaire, indécise, comme on marche au bord d'une plage, la nuit.* » (*BF*, 250-1).

d) Cette absence de centre qui projette au bord constitue le centre, par son manque même : « *Mais maintenant je touche le fond* [...] *Il n'y a rien à attendre de plus. Rien d'autre. Je suis revenu.* » [50].

e) La négation finale de la figure de la mer consacre l'effacement de toutes choses dans le sommeil ou la mort : « *La vie retombait à ce silence douceâtre de prairie d'asphodèles, plein du léger froissement du sang contre l'oreille, comme au fond d'un coquillage le bruit de la mer qu'on n'atteindra jamais.* » (*BF*, 253). Négation exemplaire, en ce qu'elle annule, en un dernier retournement, la comparaison marine précédente — « *comme on marche au bord d'une plage* » (251) —, mais aussi parce que la mer, dont l'absence remplit le récit, porte tout au long les variations du centre-décentré. À jamais hors d'atteinte, la mer désigne cet *ailleurs* métaphorique, cet autre irrémédiablement distancé que sa figure n'a cessé d'être. Mais le bruit de son absence sert de comparant au « *froissement du sang contre l'oreille* » (253), figure de la vie ramassée dans le corps et de la présence — de l'inhérence du sujet à soi : dans la comparaison de la mer, le centrement ultime de Grange en son propre corps est l'occasion d'un dernier déportement [51].

La face finale est donc celle du décentrement, que l'écriture non seulement thématise mais opère, par la pratique de la contradiction (série des *mais*) et de la négation [52]. Dans le sommeil de Grange, repos ou mort, motif ou figure, le sens se suspend. À coup de négations le texte a balayé le champ thématique pour cette ambivalence dernière qui pose encore, intacte, la question du centre décentré : où est Grange, dans ce sommeil ? où le sujet, dans la métaphore ?

PRESQUE [53]

« *The time is out of joint.* »
(SHAKESPEARE, *Hamlet*, I, v)

« *Il en allait pour lui comme pour ces images d'Épinal
dont les taches colorées ne viennent jamais meubler que très
approximativement le contour des silhouettes ; l'émotion ne
coïncidait jamais tout à fait avec sa cause : c'était* avant *ou*
après — *avant plutôt qu'après.* » (*P*, 100). Cette description
de Simon ne correspond qu'approximativement, elle-même,
au donné du texte. Les deux lignes principales de variation
d'ordre diégétique, la ligne topographique et météorologique
des changements de lieu et d'atmosphère, et la ligne affective
des humeurs de Simon, sont entretoisées au long du texte
par la génération sémique, qui travaillée par la figuralité, les
articule l'une sur l'autre. Parfois déphasées, elles sont plus
souvent juxtaposées, et dans la séquence, l'humeur de Simon
vient après plutôt qu'avant. Mais si le décalage attribué au
personnage correspond en partie seulement à l'agencement
du matériau narratif, il définit un principe de la figuration.
Si la tonalité de l'émotion répond irrégulièrement à celle de
la localité, c'est que l'une et l'autre, l'une par l'autre, forment
le champ où le désir manœuvre.

comme un bouchon dans l'écume

Simon roule vers l'océan en attendant la venue d'Irmgard.
La diégèse est donc occupée par le désir d'elle-même : le

51

sujet Simon est constitué largement de son attente de la mer et d'Irmgard, l'espace est pris par la description de lieux futurs, plage, route, ou gare, le temps de l'histoire est rempli de moments à venir soit en texte soit hors texte, où seront présentes la mer et la femme. Celle-ci n'entre dans la diégèse qu'à l'extrême fin du texte, et encore sous forme métonymique. De ce fait elle n'y a jamais statut de sujet : « [...] *il aperçut la valise et la robe claire, que la vague des voyageurs charriait à sa lisière même, dansante et légère sous la buée des lampes, comme un bouchon dans l'écume.* » (*P*, 179). Le féminin singulier des adjectifs, « *dansante et légère* », marque cette poussée qui caractérise la métonymie, d'une personne dans le mouvement qui la désigne [54]. Mais ces adjectifs, clichés de la démarche féminine, sont pris dans une autre poussée, autrement forte : celle de la mer, que « *la vague des voyageurs* » a introduite et que la comparaison de la robe claire à « *un bouchon dans l'écume* » amplifie et installe dans le texte. Ainsi non seulement Irmgard est résorbée métonymiquement dans sa démarche, mais celle-ci l'est à son tour métaphoriquement dans le mouvement de la vague et de l'écume.

Or la mer est dans le récit l'opposé géographique de la gare et la négation d'Irmgard, pointe de la presqu'île et passion d'enfance, là même où Irmgard *n'est pas*. Le texte est là-dessus sans ambiguïté. Lorsque Simon arrive face à l'océan, à Pen Run, en lui se fait « *une espèce d'élargissement brusque et vibrant* » (*P*, 89). En même temps il cherche dans sa mémoire le nom d'un motif de *Tristan* : « [...] *il finit par retrouver le nom :* La Solitude, *et il s'aperçut que c'était la seule scène où Isolde ne fût pas.* »

Il est donc significatif qu'au moment où Simon va rejoindre sa maîtresse et le récit le personnage de la fable (cette Irmgard seulement présente de son absence), le texte esquive une dernière fois la coïncidence de la nomination à son objet, et déplace le discours dans l'altérité de la métaphore maritime. Mais, pourrait-on dire, cette dernière figure est un trait d'union final entre les deux faces principales du désir autour desquelles se compose le texte : la femme et la mer ; tout est bien qui finit bien, dans la fusion des éléments. On remarquera néanmoins le *comme* qui joint la robe au bouchon — l'interdit de « *cette légère et implacable distance que mesure le* comme, *à distance de soi d'une* "*figure*" », selon la formule de Michel Deguy [55]. Irmgard n'est pas la mer, en ayant ici la figure. Mais elle est aussi la mer, puisqu'elle en a la figure : en même temps qu'elle empêche l'identification de ses deux termes, la comparaison invalide leur opposition : elle desserre les systèmes binaires dans la différence de la figure. Cette tension entre l'identité et l'altérité, essentielle au transfert figural, est dramatisée en la distance, minime et finale, qui sépare Irmgard de Simon au moment même où il la retrouve : « "*Comment la rejoindre ?*" *pensait-il désorienté.* » (*P*, 179).

mouvements pendulaires

Le texte s'arrête là, s'enfermant dans l'incertitude qu'il signifie : entre la réunion plausible et la séparation possible, l'interrogation interdit de choisir. Ni jonction ni disjonction, mais une oscillation indéfinie entre elles. Non pas l'une ou l'autre, mais de l'une à l'autre, insolublement. Or le récit entier a été cette oscillation, soit que Simon sentît Irmgard ou la mer se rapprocher, soit qu'au contraire il s'en écartât, ne touchant jamais d'elles que la promesse.

Simon, pourtant, va à la mer puis en part, quitte la gare sans Irmgard puis y retourne quand elle arrive : l'oscillation est nécessairement orientée par l'histoire, selon laquelle les variations de distance entre Simon et les figures de son désir sont réglées. À mesure que la femme se rapproche dans le temps de l'histoire, elle s'éloigne dans le désir de Simon [56], jusqu'à cette neutralité finale où l'oscillation s'établit : « [...] *il ne restait qu'un sentiment de sécurité neutre et un peu abstraite, qui était sans doute le bonheur de retrouver Irmgard.* » (*P,* 179). Le désir a consumé son objet et le récit la fable. La mer, au contraire, entre dans la diégèse vers le milieu du texte ; sa distance à Simon va dans la première moitié s'amenuisant, dans la seconde s'amplifiant et le désir qu'il a d'elle n'est pas, comme celui de la femme, tendu tout au long du récit sur l'absence mais pris dans une alternance d'absence et de présence dont nous analyserons dans un instant le dessin.

comme une femme

Aux divergences que commandent les données de l'histoire, s'en ajoute une autre d'ordre figuratif. La mer est dans l'œuvre de Gracq la grande réversible, figurante, figurée. Exclue de l'espace diégétique (*Un Balcon en forêt,* « Le Roi Cophetua »), sa récurrence en métaphore trace un espace purement textuel. Incluse dans la fable, elle déborde son propre lieu pour figurer ailleurs dans le récit autre chose qu'elle-même, déboîtant ainsi l'un de l'autre les espaces de la diégèse et du texte. Certes la femme aussi peut figurer. Jean-Louis Leutrat a montré le retour insistant, d'un récit à l'autre, de la figure de la femme au jardin [57]. Ainsi dans « La Presqu'île » : « *Le chemin de terre éclairé tournait et se perdait entre les murs des jardins, palissadé de feuilles, soudain luxueux et secret, comme si une robe blanche, d'un instant à l'autre, allait sortir de l'ombre des arbres [...].* » (*P,* 171). Mais cette figure d'un monde à la fois promis et réticent forme un fil thématique lâche, d'un texte à l'autre, plutôt qu'elle ne constitue un tissu métaphorique dans des récits particuliers. La femme se retrouve pour décrire la route de « La Presqu'île », « *soudain invitante comme une femme à l'ombre, étendue de tout son long au travers de la terre offerte* » (95), et se profile encore sous cette notation : « [...] *jamais la mer ne lui avait paru d'une jeunesse aussi cruelle.* » (110). La jeunesse d'Irmgard aussi est cruelle, d'où, comme celle de Mona, captivante. Mais dans la structure générale de contraste et d'alternance entre le futur et le passé, entre l'avance et le retard, entre la verdeur et l'arrière-saison, la jeunesse d'Irmgard et de la mer n'est que l'envers de la maturité de Simon et de la fin d'été. Quoique récurrente, la figure de la femme n'a pas dans le texte la place stratégique que la description confère à la mer. Inégalité dont la relation au désir transparaît dans les voltes multiples du texte : « *Il soupçonna qu'Irmgard n'était peut-être que le nom de passage qu'il donnait ce soir à cette glissade panique.* » (144). Mais la figure n'est-elle pas justement cela, un nom de passage ; nom circonstanciel, passager, mais aussi nom passeur, mot de passe ? Si Irmgard est figure, qu'est donc la mer, en quoi elle se différencie ? « "Again to sea", *pensat-il encore, et il sentit tout à coup que le mot pour lui ne s'était jamais embarrassé de justification. C'était une pesanteur qui lui était particulière ; dès qu'il approchait un peu près de la côte, il y tombait comme un caillou tombe de la main ouverte ; il voyageait vers la mer comme une journée heureuse vers la promesse du sommeil : nulle, engloutissante, sans bord.* » (83-4). De même, Aldo voyage avec Vanessa *à tombeau ouvert*, Grange s'abandonne jusqu'au sommeil dernier, Simon lui-même attend Irmgard : « [...] *il ne sentait en lui que le bien-être d'un caillou qui dévale une pente, et ne se sent être que parce qu'il accélère un peu à chaque moment.* » (57). Simon va à la mer comme on va à la jouissance, à la mort : si jouissance et mort sont les comparants, la mer se trouve dans la position du comparé, d'une expérience qui ne pourrait s'approcher que figurée selon la jouissance ou la mort. Celles-ci pourtant ne se lisent ici qu'en transparence, par intertextualité : elles-mêmes sont le comparé sous-jacent de la figure actualisée du sommeil. Le mot qui pour Simon ne s'est « jamais embarrassé de justification », qui doit se suffire à lui-même, dans l'évidence d'un signifié adhérant à l'expérience, recouvre en fait un jeu figural serré. Le texte d'ailleurs le suggère par le double recul de l'italique et de la citation en anglais. Peut-être ce mot libéré de toute justification nomme-t-il un lieu fantasmatique où le sujet est de tout temps justifié.

transports maritimes

Simon doit retrouver l'océan à l'heure glorieuse de la marée montante, en fin de journée ; moment de prédilection pour Simon comme pour Gracq :

La marée montante et presque étale, avec cette exaspération de son tonnerre sur le sable ferme, qu'on lui voit à ce moment-là, ces derniers coups de bélier plus rageurs contre un obstacle qui se durcit. Le sable rétréci — rien qu'une mince lisière assiégée — où la foule des baigneurs se bouscule et se piétine presque avec ces gestes des bras levés qu'on voit aux bords du Gange, ou chez les adorateurs du soleil. Le globe ébloui qui descend en face, les crêtes écumeuses transpercées par la lumière poudroyante, les diamants et les aigrettes qui voyagent sur l'embrun, l'armée des toiles de tente rayées qui claquent sur leurs montants comme des oriflammes, le bruit de foule pareil à un bruit de forêt — tout cela atteignait pour lui un moment à une espèce de point suprême, de *fête complète*, écumeuse et fouettée, où se mêlaient, à l'heure même où Vénus sort de la mer, l'exubérance des corps jeunes, l'orient de la perle, la tombée de neige des cimes de glaciers, la brutalité d'une charge de cavalerie [...].   (*P*, 97)

Cette description est un des temps forts du récit, « fête » de l'écriture comme de la mer. Mais elle n'est pas localisée dans le récit au moment où le personnage arrive sur la plage ; elle est placée seize pages avant, imaginée par Simon. Quand celui-ci se trouve de fait devant le spectacle, ce n'est plus qu'« *une petite fanfare attardée, mais encore alerte et pleine de feu, qui continue à jouer après la clôture de la fête* » (*P*, 113). Ce n'est pas que Simon soit arrivé trop tard, car tous les éléments de « *la gloire des plages* » sont là, « *lumière crue et limpide* [...] *presque aveuglante* », « *plage* [...] *éclaboussée* », cris de baigneurs, « *tentes orange et rouge qui* [*claquent*] *dru* ». La saison « *reflambe* » bien, comme le dit le texte, mais pas la figuration qui, en devançant la diégèse, l'a tarie. La reprise du mot *fête* le prouve. Quoique les éléments de la « fête suprême » soient présents dans le passage, marquant que le moment est bien dans la fiction l'acmé annoncé, la fête est close ; elle a déjà eu lieu. Et comme ce ne peut être dans la diégèse, il faut que ce soit dans l'écriture : la fête suprême est celle de la description métaphorique. Ce retard du récit sur le texte est d'ailleurs souligné par le « mouvement d'humeur » de Simon, qui se remet en route ; « *on regarde toujours* », ajoute le texte. La figuration ne peut coïncider avec le « coup de feu », l'écriture avec la présence. Simon va préparer la chambre d'hôtel et dans la rêverie érotique épuiser, à leur tour, les retrouvailles du soir : « *Il commença à soupçonner, l'espace d'une seconde, tout ce que depuis le matin il était sournoisement occupé à défraîchir* [...]. » (117).

Si pourtant la figure ne peut coïncider avec le coup de feu, c'est qu'elle l'a été. De double façon : elle a donné forme, en un moment du récit, à une jouissance dont le personnage a pu être lésé, mais pas le texte ; elle a donné à cette jouissance la forme du coup de feu puisque c'est en termes de bataille que la description a été menée [58]. L'« *heure même où Vénus sort de la mer* » a culminé dans « *la brutalité d'une charge de cavalerie* » (*P*, 97). Les noces de Vénus et de Mars sont anciennes : ce qui nous retiendra plutôt ici, c'est que l'événement sensuel, rencontre de la mer, de la femme ou, de façon plus diffuse, d'un instant de l'espace, ait dans ce récit — et avec insistance — la figure de la guerre [59]. Or celle-ci, on s'en souvient, constitue dans *Le Rivage des Syrtes* l'événement interdit que la figuration érotique s'applique à dessiner et repousser [60]. Dans « La Presqu'île », la situation est inversée, la guerre figure un autre événement, qu'ainsi peut-être elle prévient. Mais le Farghestan ici n'existe pas, non plus que cette suite d'Autres dont il était la tête. La visée du désir n'a plus figure humaine, mais celle dispersée d'une passée de monde : « *Le monde, toujours panique — toujours alerté, alertant — le monde comme quelqu'un derrière la fenêtre qui vous tourne le dos, qui regarde ailleurs, et dont on voit seulement la nuque obsédante qui, par instants, bouge.* » (127).

Désir de moins en moins établi, et dont le jour privilégié est la disponibilité : « [...] *ces empreintes marquées d'avance restaient creuses, ces signes n'étaient pas donnés, le monde restait sans promesse et sans réponse : pourquoi le monde se prêterait-il au désir ? "Il ne faut qu'attendre, pensa-t-il encore. Seulement attendre. Mais il y a quelque chose de défendu à attendre cela".* » (*P*, 171).

L'italique marquant dans le texte le démonstratif indéfini semble en souligner la fonction déictique : *cela* renverrait à cette chose exacte que le texte vient d'énoncer. Mais cela, justement, manque : on ne peut décider du contenu exact de l'interdit que le texte signifie. Ainsi celui-ci effectue ce qu'il dit : il pose l'interdit. Acte de parole, il fonctionne un peu comme la dénégation, qui refoule en manifestant. Or ce geste de censure, qui en est aussi la figure, intervient, pourrait-on dire, *entre* le monde et le désir. C'est l'attente qui est magnifique, dit Breton. L'interdit serait-il d'attendre un « cela », de donner à l'attente un gain ? Mais que fait donc ce récit, sinon de gagner à l'écriture des moments de monde ? On pourrait en dire ce que Michel Deguy écrit du poème : « [...] *anamnèse fantasque, nourriture fugace d'un désir non guérissable* [...]. » [61]. La versatilité de « La Presqu'île » a pour effet de maintenir vive cette fugacité.

Ce déboîtement de la description figurative par rapport à la diégèse est quasi systématique. Simon se trouve à plusieurs reprises face à l'océan mais jamais ce n'est là occasion de description, sinon en une phrase rapide, tôt détournée. L'introduction de la mer dans l'espace diégétique se fait indirectement par le biais d'un pronom : « *Il remit la voiture en marche ; presqu'aussitôt le chemin tourna et plongea devant lui raidement entre ses haies.* [§] *Non pas devant lui comme il l'attendait, mais à gauche, et déjà presque à la toucher* [...]. » (*P*, 85).

Et à peine la mer est-elle nommée, à la fin du paragraphe (« la falaise - la mer »), qu'à nouveau le texte passe à côté : « *Il n'y avait pas âme qui vive.* » (*P*, 85). Plus que la mer, ce sont ses abords qui sont décrits, plus qu'en elle-même elle a son lieu dans ce qui l'approche : « [...] *il entendit le bruissement des pins, où jadis, quand il arrivait pour l'été, la mer l'enivrait davantage encore que sur la plage — mieux que présente : annoncée* [...]. » (105). Il ne s'agit pas là seulement d'une idiosyncrasie de Simon, ou de Gracq : « *Au bord... Il se demanda pourquoi il s'attardait ainsi sur les lisières*, un peu avant... *"Mais toute ma journée..." pensa-t-il.* » (85). La journée étant le récit, c'est celui-ci tout entier qui est situé « au bord », non seulement d'une aventure amoureuse qu'il ne racontera pas, mais de lui-même, de ses propres

composantes diégétiques par rapport auxquelles la description métaphorique constamment le déplace.

Simon quitte la côte et roule vers l'intérieur des terres.
C'est alors que la mer revient dans le texte, avec un éclat et
une insistance qu'elle n'avait jamais eus jusque-là. Je cite
le passage entier, malgré sa longueur, afin qu'on y puisse
suivre les lames successives de cette occupation :

Coatliguen commençait à grossir immobile devant lui au bout
de sa lande rase, nue et crêtée sur l'horizon dur comme une petite
ville espagnole — dès qu'il roula sur le plateau, la maigre brande
de genêts et d'ajoncs se tapit au ras du sol, laissant le soleil
balayer les friches comme une mer râpeuse et frisante : plutôt
que le soleil descendre, on croyait sentir la terre autour de soi
se hausser dans l'air comme le plus haut pont d'un navire —
battue de part en part d'une lumière écumeuse. Simon se retourna
une seconde : la mer avait basculé au-delà du rebord du plateau
— les flaques noires peu à peu déferlaient derrière chaque buisson, un vent libre coulait le long de la voiture, hersait une mer
jaune et changeante où les ombres bougeaient. Les haies s'étaient
écartées de la route ; il roulait au bord des herbes ainsi que sur
certaines plages de Bretagne on roule au ras des franges d'écume.
Le monde ne parle pas, songea-t-il, mais, à certaines minutes, on
dirait qu'une vague se soulève du dedans et vient battre tout
près, éperdue, amoureuse, contre sa transparence, comme l'âme
monte quelquefois au bord des lèvres. Il alla ainsi un moment,
la tête vide, un peu ivre, sur la route où le soleil descendant
enflammait une allée de gloire.   (*P*, 134-5)

C'est ici un des hauts points de l'histoire et de la description, montée fugace du monde au désir, progression continue
de la figure dans le texte. « *Moment le plus glorieux de la
journée* » (*P*, 133) la description en est symétrique à celle de
« *la gloire des plages* » (97). Lui aussi, est-il indiqué, vient
« avant » (avant la nuit et le retour d'Irmgard comme l'autre
avant l'océan). Chaque phrase apporte une figure de la mer,
en un mouvement ascendant où la figure s'amplifie jus-

qu'au soulèvement métaphorique final. Dans cette succession de figures, on note une mention littérale : « [...] *la mer avait basculé au-delà du rebord du plateau —* » (135). « Réelle », là, et basculée : comme s'il était nécessaire que la mer soit bien absentée du récit pour y figurer, ou encore comme si, figure, elle appelait la mention de son absence au moment même où elle traduit le surgissement du monde.

Ainsi la mer porteuse est-elle le lieu du déplacement systématique : soit espace de la fable et retirée du récit ; soit retirée de l'histoire et espace métaphorique du texte. Il est essentiel à cet égard que ces transports se fassent en description : on ne saurait les réduire à des entraînements sémiques fortuits. Les deux descriptions lyriques de « *la gloire des plages* » (*P*, 97) et de « *l'allée de gloire* » (135), outre, qu'elles se répondent thématiquement, sont chacune d'une progression métaphorique trop élaborée pour ne pas occuper, dans leur déplacement symétrique, une position concertée.

à côté

Le texte, nous l'avons vu, thématise d'un bout à l'autre le défaut de coïncidence, variant de la séparation au décalage, de l'opposition au déboîtement. L'écart est la règle du trajet de Simon ; tout au long du récit, mais de plus en plus fréquemment à mesure qu'il se rapproche de la gare, Simon quitte la route et musarde dans les chemins de traverse. Ces « à-côtés » spatiaux, « *vagabondage si mal contrôlé* » (*P*, 170) particulier à « La Presqu'île », peuvent être doublés de déplacements temporels et figuratifs. Le plus frappant est celui qui, à l'extrême fin du texte, empêche Simon de pénétrer à temps dans la gare. Les trois plans de transfert s'y superposent :

a) spatial : Simon s'éloigne de la gare sur une route de

terre : « *Il était frappé de ce silence si vite ensauvagé qui revenait avec la nuit battre aux lisières des lieux habités.* » (*P*, 176).

b) temporel : le présent est occupé par le passé : « *"Comme la route du* Barp*", pensa-t-il et tout à coup surgit l'image du petit hôtel d'une gare perdue sous les pins des Landes* [...]. » (*P*, 177). On remarque la spatialité de cette analepse qui transporte non seulement un temps mais un lieu dans un autre, selon un feuilletage spatial très caractéristique du récit gracquien.

c) métaphorique : la description des pins est faite selon la figure d'une armée : « [...] *il s'arrêta saisi, aussi étourdi qu'un homme qui tourne la clé de sa maison et s'aperçoit brusquement qu'une énorme armée dans l'obscurité avec ses lances, ses bannières, son odeur sauvage, a occupé la ville par surprise et campe à perte de vue dans les rues. Les pins...* » (*P*, 177). Notons ici le présent de la comparaison, qui détache le récit du temps diégétique, pour le laisser flotter dans une dimension temporelle autre — non pas tant dimension de l'énonciation que de la figure, laquelle, comme l'inconscient, ignore les différences de temps.

Or c'est à la figure du rêve que le texte conduit : « *Il tourna l'angle d'un pignon noir et brusquement ce fut comme si une des portes du rêve s'était refermée derrière lui sans bruit.* » (*P*, 177). Monde « *sans craquement et sans écho, comme s'il eût été tapissé de neige* » qui n'est pas sans ressembler à celui du rêve de délire dans lequel « *toute la nuit, la tête lourde et légère, la tête perdue, au travers de la terre morte il glissait* » (144). La relation entre eux est d'ailleurs assurée par la reprise d'un même ailleurs métaphorique : à la « *Sibérie immensément gelée* » du rêve fait écho sur la route du *Barp* le bruit d'une charrette, « *aussi grinçant que celui d'une* télègue *russe* » (178). La figure fait ainsi voie à une sorte de non-lieu de désappropriation totale : « *Un monde non pas mort, non pas même sommeillant, mais secoué, ressuyé de l'homme, balayant ses traces, étouffant ses bruits.* » [62]. Le détour négatif, comparable à ceux d'*Un Balcon en forêt*, met en œuvre une tension en laquelle le désir cherche à figurer, à l'extrême de la spatialité, un monde dépossédé.

La métaphore de la guerre, véhicule de ce trajet figural, reçoit donc sa plus grande ampleur au moment où, dans un dernier écart, Simon manque l'arrivée du train. Situation emblématique : la métaphore est cet écart où l'histoire se manque.

à peu près

L'écart est donné dès le titre, dans le *presque* qui définit le domaine du récit, entre île et continent, métaphore et diégèse, jonction et disjonction. De même que le lieu de la fable n'est tout à fait ni insulaire, ni continental, l'espace du récit est brouillé par la métaphore, maritime en terre et terrien au bord de la mer. De même encore, quoiqu'il retrouve Irmgard, Simon ne la rejoint pas ; mais aussi bien, quoiqu'il ne la rejoigne pas, il ne la manque pas non plus totalement. *Presque*, par la tension qu'il implique entre l'identité et la différence, constitue l'équivalent narratif du *comme* figuratif. Il signale par rapport à la métaphore proustienne une différence radicale d'accent. Dans la peinture d'Elstir, Proust souligne l'échange, la réciprocité simultanée des termes marins et terrestres. Dans « La Presqu'île » l'insistance est sur le déphasement, la nécessité de « passer à côté » pour atteindre (en manquant), de déplacer pour écrire.

Presque, en lequel se ramassent dans ce récit les formes

de l'écart, a partie liée avec un trait récurrent de l'écriture gracquienne : l'effort d'approximation. Celui-ci a pour marque privilégiée la locution verbale *Je ne sais quel/quoi de* et ses variantes pronominales ou temporelles. Ce syntagme apparaît à quatre reprises dans notre texte, chaque fois associé à une signification du désir.

La première occurrence introduit le terme de *présage* ; sémantiquement surdéterminé chez Gracq comme signe d'un désir projeté sur les choses, il est lié ici, en fin de paragraphe, à la déperdition et à la fermeture : « *La terre semblait se vider de sa chaleur. La route tournait sous cette jonchée pâle à un violet froid ; il y lisait on ne sait quel présage triste et frileux.* » (*P*, 78).

La seconde constitue une sorte de préparation à un mouvement « *d'élargissement brusque et vibrant* » (*P*, 88) qui en une seule longue période associe, à travers *Tristan*, la présence de la mer à l'absence de la femme : « *La mer était assez grosse, mais, à on ne savait quoi de ralenti et de gourd, on sentait que la houle vieillissait, lissait peu à peu ses arêtes usées.* » (88-9). L'allitération remarquable en *ss/s* et les assonances en *è/ai* et en *i*, se répétant dans la suite du paragraphe, confèrent à cette phrase une fonction d'ouverture (ou de changement de « régime » comme dit le texte), qui en contredit les signifiés immédiats de déclin et de terme.

La troisième fois, notre formule d'approximation se présente dans une vignette érotique stéréotypée : « [...] *dans la pénombre fraîche et encombrée de la pièce on aperçoit une fille jolie et jeune — cambrée dans son bikini devant la glace de l'armoire* Lévitan — *qui chantonne en soulevant ses cheveux sur sa nuque de ses deux bras levés, et l'intimité de la ruelle paysanne soudain muée en rue chaude fait lever pour une seconde dans l'imagination du flâneur je ne sais quel fantôme incongru et piquant de la luxure.* » (*P*, 111).

La mention de la marque *Lévitan,* cliché de la laideur petite-bourgeoise, et l'attitude convenue de la fille soulignent le caractère banal, en carte postale galante, de la représentation.

Dans sa dernière occurrence, la locution est suivie d'adjectifs comme dans la deuxième : « [...] *c'était chaque fois comme s'il débarquait de l'arche, et retrouvait la terre toute neuve, le tintement de l'eau, les doigs distraits du vent dans les feuilles — il ne savait quoi de frais, de respirant et de délacé* [...].» (*P*, 161). Les adjectifs, dans le vide de substantif qu'ils cernent, orientent vers la métaphore de la femme au jardin, ou vers celle des « dimanches de la vie », figures, comme celle de l'arche, d'une promesse, d'une plénitude en la donation du monde ; mais la figure est ici comme retenue. La précision des notations qui précèdent la locution d'approximation manifeste en celle-ci non pas une aporie mais un blocage de l'expression.

Cela vaut pour chacune de ses quatre inscriptions. En chaque cas la formule arrive après une description précise, où l'on *sait* justement de quoi on parle. Qu'elle introduise des adjectifs, qualités d'un prédicat manquant, ou des termes générateurs de vague, comme *présage* ou *fantôme,* l'approximation gèle la représentation. L'important ici n'est pas la teneur particulière de chaque figure reconnue du désir (mer, femme ou signe) en laquelle agit l'approximation, mais le travail latéral du sens. Point de défaut de la description, *je ne sais quel* est en soi un blanc de signification, dans lequel le sujet se signale d'une impuissance à définir, d'un non-savoir. Dans les représentations admises, « sues », du désir, l'approximation insère une sorte d'engourdissement ou d'impotence du sujet de la diégèse ou de l'énonciation, un temps mort qui desserre la signification. Au centre donc et pourtant en retrait des signifiés de désir, on peut dire que *je ne sais quel* marque un lieu où le sujet est désigné par son manque de maîtrise du sens, et celui-ci par son élision.

Le déplacement métaphorique, qui opère dans la masse narrative du texte, et l'approximation, qui agit dans le grain plus fin de la phrase descriptive, ont donc affaire différente au désir. Dans les signifiés que le premier organise et la seconde neutralise, ils le découvrent en ses esquives. La métaphore peut bien accomplir le désir à fleur de texte. Mais décalée de la fable qu'elle épuise, elle narre l'inaccomplissement en ce décalage et cet épuisement. L'approximation situe dans la représentation du désir un point mort où celui-ci, de figuré devient, pour reprendre le terme de Barbara Johnson, défigurant [63]. En elle, le sens non-avenu, se reverbérant sur la signification accomplie, forme un moment opaque où le désir s'inscrit peut-être de ce qu'il est absenté, non signifié. L'homme, dit Jean-François Lyotard, « *est un être privé de la coïncidence et qui en rêve* » (p. 60 [20]). C'est l'histoire de Simon, comme d'ailleurs d'Allan, Grange ou Aldo. La métaphore réalise le rêve et la privation. *Je ne sais quel* propose une coïncidence, mais c'est dans la défaillance simultanée du sujet et du sens. Le désir se saisit en bougeant, dans le *presque* de l'inadéquation.

ÉCHECS

« Es-tu Roi, toi le seul, ou le dernier amant ? »
NERVAL [64]

l'échafaudage blanc noir [65]

Jean-Louis Leutrat dit, à propos de *Liberté grande*, que *« le blanc y développe avec le noir, comme dans l'ensemble de l'œuvre, une dialectique ininterrompue »* (p. 292 [57]). Ce jeu a sans doute sa forme la plus achevée dans « Le Roi Cophetua » dont il organise avec insistance la plupart des motifs descriptifs : le noir et le blanc y dessinent une sorte de pas-de-deux, dont les variations coïncident avec les temps forts de la description, ses moments de plus grande élaboration.

La femme a pour seuls traits ses yeux et ses cheveux sombres, et sa peau blanche ; par les premiers elle tient à la nuit, par la seconde à la flamme, et flamme et nuit constituent un motif central du récit [66] :

[...] le flot répandu des cheveux noirs, l'ombre qui mangeait le contour de la joue, le vêtement sombre en cet instant encore sortaient moins de la nuit qu'ils ne la prolongeaient. [...] La plante étroite des pieds blancs et mats ondulait et volait devant moi de marche en marche comme une flamme vive, dardée un instant et aussitôt replongée dans les plis de la lourde étoffe de suie [...].
(*RC*, 239-40)

Les vêtements de la femme ont pour fonction de rendre emblématique la relation du noir au blanc : au « *manteau de nuit* » (*RC*, 239) de la maîtresse répondent les « *ornements blancs* » (221) de la servante, dont la lumière du flambeau accentue « *bizarrement le caractère rituel* ». Le renversement qui fait d'une « *commodité du service* » une « *espèce de cérémonial* » opère également dans l'association du vêtement noir à l'érotisme dont il est l'épreuve négative : « [...] *dévêtue pour la nuit comme on s'habille pour un bal.* » (239). Ainsi que l'indique en effet Jean-Louis Leutrat, le blanc est la couleur de la sensualité, et revient dans toutes les métaphores ou comparaisons de la femme au jardin qui parcourent l'œuvre de Gracq, figures de la volupté devinée ou offerte. Mais il est aussi la couleur de l'interdit, comme le signifie par exemple le Tängri en « *son isolement et sa pureté de neige* » (*RS*, 151), sa « *virginité déserte et étoilée* » [67]. Dans « Le Roi Cophetua », le blanc est l'attribut premier des deux figures spéculaires du désir : la jeune femme dans la gravure de Goya, *La Mala noche*, et la mendiante dans le tableau de *King Cophetua*, œuvre anonyme, mais qui se souvient de celle de Burne-Jones [68]. En chacune de ces figures, le blanc est le signe d'une ambivalence, dont la perversion tient à ce qu'on ne sait exactement où situer la violence sadique et l'innocence qu'elle suppose : en deçà ou au-delà de la représentation, du côté du spectacle ou du spectateur ?

Mais la lumière de chaux vive qui découpe sur la nuit la silhouette blanche, le vent fou qui retrousse jusqu'aux reins le jupon clair [...] sont tout entiers ceux du désir. [...] Il y a l'anonymat sauvage du désir, et il y a quelque tentation pire dans cette silhouette troussée et flagellée, où triomphe on ne sait quelle élégance *perdue* [...]. (*RC*, 215)

[...] la robe n'était qu'un haillon blanc déchiré et poussiéreux, qui pourtant évoquait vivement et en même temps dérisoirement une robe de noces. (*RC*, 224)

Chacune, d'autre part, s'oppose à une figure noire ; dans la gravure de Goya, celle « *de voleuse d'enfants* » (*RC*, 214), au « *visage ombré, mongol et clos* », dans le tableau anonyme, celle du Roi au visage basané de Mage ou de More (223-4). Flamme dans la nuit, la Femme occupe ainsi par rapport au noir la même position que ses doubles blancs. Cette ressemblance de position est accentuée par celle des traits : de la silhouette de Goya, la femme possède les « *jambes nobles* » (221) fouettées par le vent (figure du désir et de l'agression), de la mendiante elle a la « *verticalité hiératique* » (243) et le visage « *perdu dans l'ombre* » (223) (figure de l'interdit). Servante-maîtresse, son ambivalence est également reproduite en la leur. La comparaison du texte gracquien à ses modèles graphiques est à cet égard instructive. Le commentaire ajouté par Goya à sa gravure laisse peu de doute sur l'identité de ses figures : ce sont des « coureuses »[69] ; le mystère est dans ce qu'elles voient et qui les menace. Dans le tableau de Burne-Jones, la question ne porte pas non plus sur l'identité de la figure féminine ; son vêtement (non pas clair mais sombre), est dévoré par l'éclat blanc de sa peau, en quoi s'impose le paradoxe de la royauté dans le dénuement. L'ambiguïté réside dans la relation de la mendiante au Roi, dans la position réciproque des corps et dans le regard. Gracq n'a pas ignoré la provocation globale de chaque œuvre, qui tient à un rejet du spectateur hors de la représentation dans laquelle il est attiré. Ce qui nous importe ici c'est qu'il ait focalisé sur les figures blanches une ambiguïté qui, dans ses modèles, est composée par l'ensemble. Son personnage féminin est ainsi doublé de figures doubles. Cette doublure ne va pas elle-même sans équivoque.

Les figures blanches s'opposent entre elles : la silhouette de la gravure est d'une fille à l'« *élégance* perdue » (*RC*, 215), celle du tableau évoque « *quelque Vierge d'une Visitation* »

(224). La Femme s'oppose à elles : le vêtement blanc qui, soulevé chez la fille, déchiré chez la mendiante, dénude en voilant, est chez la femme un manteau de nuit sombre et austère, « *hiératique, vaguement solennel* » (239), qui l'enveloppe entièrement. Enfin la Femme s'oppose en elle-même : flamme claire contre la nuit, elle est aussi femme en noir prise dans la nuit. Par le réseau de doublements et de contrastes où elle s'inverse et se réfléchit, la Servante-maîtresse est ensemble et alternativement au long du récit la Noire et la Blanche.

carreaux

L'espace est de la même façon organisé en noir et blanc, et plus particulièrement celui qui touche à la Servante-maîtresse. Dans sa chambre sont juxtaposés « *sans accord vrai* » un mobilier « *d'une nuance foncée et luisante* » et des « *notes intimes et claires* [...] *jetées çà et là à la hâte* » (*RC,* 241). Contrairement au reste de la maison, tapissé de moquette, l'office, « *cœur lointain de la maison* » (207) où la femme se retire, est « *carrelé de blanc et de noir* » (200). Le même dessin géométrique en damier se retrouve dans la salle à manger où la Femme officie en servante, sous la forme du tapis « *cloisonné comme un plafond* » (210), et le rapport du noir au blanc est répété dans la « *glace longue et basse bordée d'une simple baguette noire, mais d'une eau* [...] *claire et* [...] *parfaitement transparente* » (219). L'apprêt même de la table suggère l'alternance de carrés noirs et blancs : « *La nappe ne recouvrait que le centre d'une table longue* [...]. » Notons d'ailleurs que la forme rectangulaire de la table et de la glace est celle aussi de la villa d'« *une modernité presque agressive* », laquelle est cloisonnée comme la table, le tapis et le carrelage, par des baies vitrées « *l'ajour[ant] de partout* » (198).

70

La figure de l'échiquier autour de laquelle, comme le texte, nous avons tourné, est directement nommée au centre du récit, dans le paragraphe discursif au présent d'énonciation qui, situé entre les deux descriptions iconographiques, thématise la structure du double : « *Quand l'œil désœuvré plonge d'un balcon la nuit, à travers la rue, dans une pièce éclairée dont on a oublié de clore les rideaux, on voit des silhouettes qui semblent flottées sur une eau lente se déplacer aussi incompréhensiblement que des pièces d'échecs dans l'aquarium de cet* intérieur inconnu. » (*RC*, 217). Nous reviendrons tout à l'heure sur la perspective décrite ici d'un regard plongeant d'en haut vers l'intérieur (on a noté l'italique). Elle tient au principe de réflexion sur lequel est établi le texte. Soulignons seulement l'inscription dans ce passage central de la figure du jeu d'échecs, qui organise en une forme spatiale toutes les occurrences du noir et du blanc [70]. Glissant d'une pièce à l'autre à travers la maison, la Servante-maîtresse, reine de l'échiquier, est ensemble la Dame Blanche et la Dame Noire. Ses déplacements silencieux, ses poses hiératiques, son mutisme, en font une figurine, un pion du jeu d'échecs, et l'espace dans lequel elle circule s'accorde à cette verticalité : « [...] *toutes les pièces paraissaient faites pour qu'on y marchât on qu'on s'y tînt debout.* » (235).

réflexions

Le titre de la nouvelle désigne dans le tableau de *King Cophetua* la figure spéculaire du récit. Quoique ce tableau ne soit pas titré, son sujet est identifié par le narrateur, qui cite Shakespeare. Cela est dramatisé en un procès de reconnaissance. « *Non. Pas Othello. Mais pourtant Shakespeare... Le Roi Cophetua ! Le roi Cophetua amoureux d'une mendiante...* [§] *When King Cophetua loved the beggar maid.* »

(*RC*, 224). La nomination insistante tient lieu d'identification. Le tableau étant dépourvu d'auteur et de titre, son identité, si fortement marquée, ne repose en fait que sur cette marque même. Le titre du récit renvoie au nom du tableau, dont le seul garant est ce titre. En citant Shakespeare et non Burne-Jones, Gracq a supprimé le référent ; plus exactement, il l'a retourné, déréalisé en double *latent* d'une réflexion [71]. Signalant et cautionnant la mise en abyme du récit par le tableau, le titre, qui a pour fonction de définir le sujet du récit qu'il désigne, donne à celui-ci la mise en abyme pour sujet. On prévoit que dans « Le Roi Cophetua », la mise en abyme, chargée comme le dit Lucien Dällenbach de « *doter l'œuvre d'une structure forte, d'en mieux assurer la signifiance, de la faire dialoguer avec elle-même et de la pourvoir d'un appareil d'auto-interprétation* » (p. 76 [72]), a également pour fonction de la réfléchir « *sous son aspect littéral d'organisation signifiante* » (p. 123 [72]). D'être non seulement *fictionnelle* mais *textuelle*.

La relation de la scène peinte au « scénario étrange » dans lequel Nueil et la femme ont pris le narrateur est assez nette pour se suffire à elle-même. Le doublement de cette représentation par *La Mala noche* de Goya intrigue. Elle accentue l'absence du modèle préraphaélite célé. Elle marque surtout que la fonction de la duplication n'est pas d'interpréter, mais de multiplier en déplaçant, de répercuter, selon le mot de Gracq, des « écho[s] indéfiniment prolongé[s] », où les significations seront disséminées.

La gravure et le tableau ne sont pas les seuls motifs spéculaires. Ils sont répétés par les surfaces réfléchissantes, miroirs ou meubles polis, qui saturent le texte. Leur rôle est d'abord de capter la lueur mouvante des bougies et d'entourer de reflets les évolutions des personnages porteurs de flambeaux. L'espace diégétique est ainsi ouvert indéfiniment sur lui-même par la multiplication des surfaces réfléchissantes qui le délimitent : « [...] *le mouvement des lumières animait tout l'escalier, allumait l'un après l'autre les miroirs, les panneaux lisses qui faisaient de cette maison un palais des glaces éveillé jusqu'en ses recoins par la moindre étincelle.* » (*RC*, 240). Cette configuration baroque de l'espace, qui double l'organisation spéculaire du récit, est le domaine d'une *inquiétante étrangeté,* une désorientation que la figure métaphorique accomplit. La répétition de la même comparaison permet de repérer le travail de la figuralité : « *L'image de la flamme des bougies montant toute droite dans la pièce fermée était revenue se fixer dans mon esprit comme au foyer d'un cabinet de glaces ; il me semblait que l'embellie de la forêt s'était figée autour de cette lueur qui charmait bizarrement la nuit.* » (231). La comparaison opère un glissement dont l'apparente inadvertance est caractéristique de l'écriture gracquienne. Semblant déraper de la « *pièce fermée* » à l'esprit du narrateur puis à « *l'embellie de la forêt* », la figure du foyer s'est en quelque sorte défocalisée. Déplacé de l'espace physique intérieur et clos dans lequel le sujet est pris, à l'espace mental dans lequel celui-ci saisit et réfléchit le précédent, le foyer aboutit à un nouvel espace physique qu'on ne sait trop comment situer : quoiqu'il soit distant et coupé du premier (le Narrateur est à l'extrémité opposée du village), il semble lui être superposé. Entre les deux, de la flamme à la nuit, le sujet servant de voie de passage, est comme effacé en sa fonction même de foyer.

Le miroir complique et approfondit la mise en abyme que le tableau opère. On ne s'étonne donc pas que la description passe sans s'arrêter sur les deux glaces du salon, mais s'attarde sur celle de la salle à manger où est suspendu le tableau. Situé face à cette glace, le narrateur y épie l'entrée de la femme : « [...] *les menus objets de la pièce s'y reflé-*

taient avec la même netteté de chambre noire qui envoûte les tableaux des intimistes hollandais. » (RC, 219). La référence picturale est importante. Réfléchis par le miroir, les deux acteurs de la scène du dîner, le narrateur et la femme, sont comme pris dans un cadre, cernés et figés en tableau. La salle à manger contient donc non pas une mais deux duplications spéculaires, qui se réfléchissent l'une l'autre en s'inversant. Dans le tableau le Roi Cophetua est agenouillé devant la mendiante en geste de servitude ; dans le miroir la femme sert le narrateur, vêtue de ses « ornements blancs ». Dans ce rituel cependant, elle est maîtresse, le menant[73]. Sa servitude est d'ailleurs explicitement donnée pour une royauté : « [...] elle avait l'air d'apparaître maintenant, à son heure, en servante, d'y retrouver je ne sais quelle aisance intimidante, comme un souverain qui lève son incognito. » (221).

Le miroir est ainsi le contre-type du tableau, il en est l'envers à occuper, l'absence à combler. D'une « eau si claire et si parfaitement transparente jusqu'au bord » (RC, 219) qu'elle en semble « une matière précieuse », il est par ce vide emphatique, selon le mot de Lacan pour tout tableau, « un piège à regard »[74]. Captant les deux regards du narrateur et de la femme qui s'y débusquent réciproquement, dans leur « fonction pulsatile et étalée », il ordonne en scène le commerce de désir dont il est le milieu. Il fait jouer, pourrait-on dire, par les deux personnages qui s'y refusent leur regard, la représentation du tableau.

L'analogie du miroir au tableau est indiquée par le texte : « Depuis des années, à cette table, servait-elle Nueil ainsi silencieusement, rituellement, gestes et regards noués dans un malaise tendre et oppressant que le tableau condensait et consacrait comme un miroir recharge et envoûte le visage qui s'y reflète ? » (RC, 229). La même marge du sens que nous avons décelée dans la figure du « foyer d'un cabinet de glaces » se retrouve ici. Comme souvent, elle est due à un flottement de l'attribution. Si on peut supposer que les « *gestes et regards noués* » sont ceux de Nueil et de la Servante unis dans le scénario de leur propre relation, on ignore quel est le visage qui, se reflétant au miroir, y est rechargé et envoûté. Qui ou quoi envoûte ? Le miroir lui-même par son eau vide, ou le reflet ? Et est-ce le reflet du visage propre du spectateur ou celui du visage de l'autre, renvoyé à côté ? Questions vaines, parce que c'est seulement dans le nœud des regards, au miroir, que la figure prend sens : la charge captivante du tableau constitue le point d'unité pour le personnage gracquien, comme celle du miroir pour le sujet lacanien [75].

échec et mat

Nueil a, par rapport au narrateur, une position homologique de celle du miroir par rapport au tableau. Lui aussi constitue une absence intense, un vide du même, à remplir de son double. La mention du tableau — et implicitement de ses personnages — au moment où le narrateur imagine Nueil à la place que lui-même a occupée, dessine une suite de doubles masculins parallèle à celle des figures féminines. Mais, alors que la « théorie féminine » est actualisée dans l'espace du récit par la description et qu'elle est close (Elle, mendiante, silhouette de Goya), la série masculine est en partie virtuelle et ouverte dans le temps (Nueil, Cophetua, narrateur, d'autres sans doute) [76]. La différence tient à ce que la femme est l'objet du regard et du désir, et l'homme le sujet. Cette relation marque chaque description, de façon, pourrait-on dire, négative : la figure féminine est un regard détourné ailleurs qui dessine en creux la place du sujet qu'elle expulse de sa vision : « *visage enfoui, tourné du côté de la nuit* » (215) de la silhouette de Goya, « *visage perdu dans l'ombre* » (223) de la mendiante, « *yeux baissés* » (221) et « *visage dérobé* » (242) de la servante [77].

Maître de la maison, et de la femme, Nueil occupe sur l'échiquier la place du Roi. Les traits qui lui sont attribués ont pour fonction de renforcer ce statut, que lui confère en premier lieu son analogie avec le roi Cophetua. Ses caractéristiques rappellent celles de cet autre Prince, Allan, d'*Un Beau ténébreux*. Compositeur de musique et pilote de chasse, il fait partie de l'élite de « *ces* sportsmen *de 1910 — un peu anglomanes, un peu snobs, parlant entre eux leur langue secrète, entrés dans l'ère du moteur comme on entre en religion* » (*RC*, 190-1) [78]. Il n'a cependant de place dans la fiction que par son absence. Même lorsque vers la fin la menace de sa disparition en vol est levée, le récit continue de tourner autour de ce doute jamais élucidé : où est Nueil, où donc le Roi, pièce maîtresse de l'échiquier [79] ? Mais s'il est un pion manquant dans le jeu, c'est qu'il en est aussi l'ordonnateur, faisant jouer à un autre son propre rôle : « *Je me sentais entrer dans un tableau, prisonnier de l'image où m'avait peut-être fixé ma place une exigence singulière.* » (246).

Double de Nueil, le narrateur en est donc le pion, pris dans un jeu auquel il n'a pas part : « *Comme si j'avais été dès le début, dans le déroulement de ce service insolite — le lit, la table — présent et nécessaire, et pourtant intimement, paisiblement exclu.* » (*RC*, 246). Lui-même néanmoins se dédouble : acteur dans un rituel qu'il ne connaît pas, il en est également spectateur. Cette structure schizoïde est mentionnée à trois reprises, dont deux selon la perspective d'un regard de haut en bas, analogue à celle que Nueil doit avoir de son avion : « *J'élevais encore un peu le flambeau et je me penchai sur elle. Je la regardais et il me semblait que je me regardais aussi me pencher sur elle.* ». Le narrateur est ainsi « *à la fois dedans et dehors* » (218), du côté du « *ludion humain qui va et vient au sein de l'humeur vitrée comme si une main, par moments, appuyait contre le carreau* », et du côté de cette main même qui le mène ; ensemble marionnette et montreur.

On peut comparer les positions interchangeables de Nueil et du narrateur à celles du prince et du bouffon que Ross Chambers analyse dans *La Comédie au château*[80]. Si Nueil fait venir le narrateur dans sa « *secrète villa* » (*RC*, 192) pour qu'il y joue son propre rôle de roi, c'est qu'il cherche « *à ressusciter pour lui à travers les autres un enchantement perdu* » (247). C'est « *le vide central* », dit Ross Chambers, « *la carence du prince, qui est à l'origine de la structure schizoïde* », où les doubles s'intervertissent, l'être qui assurait leur différence ayant disparu dans le seul paraître. De là cette structure indéfiniment ouverte de substitution que le texte suggère : le narrateur n'est sans doute qu'un maillon dans une série de doubles[81].

Le tableau du Roi Cophetua est le modèle archétypal à partir duquel ces scènes vicariantes prennent leur sens de doubles, dans la reproduction d'une scène originelle à jamais perdue. Pourtant, la « facture très conventionnelle » et « visiblement guère ancienne » du tableau suggère que ce modèle est lui-même une copie, d'ailleurs médiocre[82]. C'est là que la biffure du *King Cophetua* de Burne-Jones, alors que sont cités une gravure de Goya et le vers de Shakespeare, prend peut-être son sens : partageant avec le tableau préraphaélite l'un son caractère plastique, l'autre son contenu linguistique, ces œuvres cernent l'absence d'un autre nom, sans directement le désigner. Il ne s'agit pas d'une clé insérée dans la trame du texte, comme le sont souvent par exemple les œuvres de Rimbaud ou de Poe[83], mais d'une clé fondue, inscrite seulement dans le texte par la forme de son absence. *King Cophetua* est dans le récit de Gracq un original qui n'existe que par sa copie [84]. Il est en cela analogue à la scène primitive que Nueil reproduit à travers le narrateur et que dans l'autre sens, celui-ci reconstruit par l'imagination à travers sa propre aventure : « *Mon imagination maintenant remontait hasardeusement le cours des années. Tout n'avait pu être inventé dans ce scénario étrange.* » (*RC*, 247).

Le roi de l'échiquier absent, la scène originelle perdue, le modèle pictural dérobé, le même manque de l'original se reproduit aux niveaux de l'histoire et de son sujet, comme à celui du texte. La question point, inévitable : qu'en est-il du sujet du texte ?

suivre Orphée

Dans sa démarche archéologique, qui remonte « hasardeusement » vers l'origine manquante, le narrateur se découvre le double d'une figure qui lui échappe. C'est dans le désir qu'il rencontre cet Autre dont il est le même : « *Le sang battait à mes oreilles, et pourtant il me semblait que j'assistais à cette ascension silencieuse. Je la désirais.* » (*RC*, 241).

Inversement, de même que dans *Argol* Herminien conduit Heide à Albert pour la désirer désirant « l'Autre » et qu'elle lui devienne ainsi « *désormais plus inséparable et plus proche que le battement même de son propre sang* » [85], de même Nueil suscite dans le narrateur un double, dont le désir puisse recharger le sien. Que le double provoqué se refuse au désir (Albert), ou y cède (le journaliste), l'essentiel est commun : le sujet ne peut désirer (Heide, la Femme) qu'à travers un autre sujet, qui n'est rien que le même, de telle sorte que les rôles s'échangent, réversibles, chacun étant et autre, et sujet : Albert, à l'imitation d'Herminien, viole Heide ; le narrateur, sur le modèle de Nueil et de sa figure, le Roi Cophetua, désire la femme. Ce schéma qui apparaît dans chaque récit, latent ou patent, n'est pas sans faire songer à celui du désir mimétique, tel que l'analyse René Girard. Mais comme Allan dans *Un Beau ténébreux*, le texte gracquien joue « *sur les deux tableaux* » (p. 161 [86]) : peut-être parce que, selon le mot de Lyotard, « *le désir de figurer est spontanément celui de figurer les figures du désir* » (p. 237 [20]), la fiction de Gracq ne manifeste le désir qu'en s'y coulant.

« *Irradiant la pièce comme une figurine transpercée d'épingles* » (*RC*, 235), le tableau a dans cette circulation du désir une place centrale. C'est en lui que Nueil et le narrateur lisent le désir de l'autre et le leur. Or, mise en abyme de l'histoire, le tableau l'est aussi, nous l'avons dit, du texte. Celui-ci invite lui-même à être pris ainsi, qui introduit en sa fin la figure d'Orphée : « *Je songeais qu'on pouvait suivre Orphée très loin, dans le sombre royaume tant qu'il ne se retournait pas. Elle ne se retournait jamais.* » (249). La figure d'Orphée paraît en porte-à-faux. On remarque qu'à la pénultième du récit la femme et le narrateur seuls demeurent ; le meneur de jeu, Nueil, semble s'être résorbé dans son jeu, son pion de Roi ou ses ficelles. Or, musicien, c'est lui qui devrait être Orphée : mais cette figure apparaît au moment même où, lui, disparaît. Inversement la femme, dont le corps est « *à distance si intimement prisonnier d'un regard* » (246) et que toute la thématique nocturne associe au « *sombre royaume* » (249), Eurydice donc, devient Orphée. Jonction d'autant plus curieuse que c'est pour son silence (et non pour sa parole, ou son chant), que le narrateur la suit, « *étrangement pris en charge, étrangement charmé* ». Cette instabilité dans la structure symbolique est renforcée par les réserves dont le texte fissure la perfection du *rôle* de la

Servante-maîtresse : « *pauvre mensonge* » (211), « fraude » (248), « *je ne sais quoi de pauvre, d'entravé, de sournoisement déférent en elle dès que le canevas étudié des gestes ne la soutenait plus* » (247), ces restrictions ébranlent latéralement pourrait-on dire le personnage d'esclave-reine : « [...] *elle décidait, elle savait, et je la suivais.* » (240). La structure antithétique du noir et du blanc, de la maîtresse et de la servante est donc déplacée en un système instable de différence où la « *pureté préservée* » (249) de la fable justement ne l'est pas [87].

Plutôt donc que rôle particulier d'un personnage précis, Orphée est dans le récit une figure flottante, un rôle du texte. Or ce rôle lui-même est douteux : « *Encore maintenant je la suivais presque, protégé de tout faux pas tant que je mettais les miens dans les siens l'un après l'autre* [...]. » (*RC*, 249). Le lendemain, le narrateur s'enfuit « *sans* [*se*] *retourner* ». Suivant en cela la Femme, ou ayant au contraire cessé de le faire, puisqu'il la suivait *presque* ? Que le narrateur refuse d'occuper la place du Roi, qui est celle de la vacance, ou qu'en partant, il en remplisse la fonction d'absence, le sens final est indécidable. Pas plus qu'à Nueil ou à Orphée, il n'y a au sujet du texte de place assignable. Roi Cophetua (dont le modèle manque) ou Orphée (qu'« encore maintenant » on suit « presque »), le sujet de l'écriture est celui dont la maîtrise existe seulement au passé, c'est-à-dire en tant que fiction renoncée [88].

écho ainsi perdu(e)

Gracq conçoit la relation au roman de l'auteur et du lecteur en termes de désir [89]. Dans « Le Roi Cophetua » le désir n'a place qu'en sa représentation : scénario, miroir, tableau qui se répètent et se rechargent mutuellement, traçant par cela même, à leur tête ou en leur centre, l'emplacement d'un original absent. Le sens, territoire commun du désir de l'écriture et de la lecture, ne se donne lui aussi qu'en représentation. La relation de désir immanente au texte, désir de signification, se joue dans cette mise en scène de l'écriture. *Se jouer* est le mot, et à double sens : le texte arbore des significations, qu'il dérobe. Deux termes récurrents en fixent les règles : *perdu* et *ainsi* ; le premier apparaît sept fois, dont trois en italique, le second à quatre reprises, dont trois sont soulignées. Lorsqu'il n'est pas marqué, l'adjectif *perdu* est pris dans des locutions stéréotypées elles-mêmes sans mystère : « *irritant comme une clé perdue* » (*RC*, 201), « *lande perdue* », « *visage perdu dans l'ombre* » (223). L'expression « *profil perdu* » (232), non soulignée dans « *rien qu'un profil perdu* », l'est quatre pages plus loin dans « *toute l'indécision du* profil perdu » (238). La différence de traitement ne s'explique pas par une divergence de sens : dans les deux cas on décrit le visage indistinct de la femme. L'alternance de la marque et de son absence ne doit avoir qu'elle-même pour raison, le geste d'écriture, la parade qu'elle constitue. L'adjectif est aussi souligné dans « *expression* perdue » (210) et « *on ne sait quelle élégance* perdue » (215). Mis en italique, le mot déborde son statut de cliché. La perte suppose un état antérieur de possession, ou ultérieur de recouvrement — en tout cas, un au-delà du contexte. Cela est accusé par le fait que l'expression, le visage ou le profil perdus de la femme, comme l'élégance de la silhouette de Goya, sont tous associés à un ailleurs, une face cachée vers laquelle le personnage est détourné. Toutes ces figures, comme d'ailleurs celles de leurs modèles iconographiques, regardent de l'autre côté ou au-delà du spectateur (personnage ou lecteur), invitant celui-ci à les suivre dans une vision dont elles l'excluent.

L'adverbe *ainsi* a, plus clairement encore que l'adjectif *perdu,* la fonction de leitmotiv ; de légères variations en modulent la progression emphatique : « *C'est ainsi.* » (*RC,* 225) ; « *Simplement* ainsi. » (232, 242) ; « *Simplement :* ainsi. » (249). *Ainsi* apparaît dans le texte comme l'antonyme de *perdu,* il désigne le donné tel quel, le strict présent, en face des lignes de fuite du passé, de l'ailleurs ou de l'autrement. Dans chacun de ses emplois il définit l'attitude de la femme, et la règle du jeu. Leçon de lecture, donc, d'une aventure qui n'a d'autre sens qu'elle-même, d'autres chemins, d'autres comptes qu'en soi. Le narrateur étant l'interprète de sa propre histoire, il trace aussi son rôle au lecteur, qu'il somme de prendre le récit au mot : « *Simplement :* ainsi *; je commençais à marcher sur une route qu'elle m'avait ouverte, et dont je ne savais trop encore où elle me conduisait.* » (249).

Mais qui ne voit qu'au moment même où il définit l'*ainsi,* le texte parle d'au-delà, d'autre chose, perdu peut-être et qu'on ne sait « trop encore », mais à quoi Orphée conduit et qu'il doit ramener à la surface, à la lumière ? Deux modes de lecture sont donc tracés dans le même mouvement, qui paraissent diamétralement opposés : l'un, littéral, qui du récit délimite l'« ainsi », dans le donné lucide de ses configurations de sens ; l'autre herméneutique, tourné vers le « perdu », « *texte aimanté et invisible* » (p. 69 [86]), ou « *palimpseste* », « *clé d'or sur laquelle il suffirait de poser le doigt pour que tout à coup* tout *change* » (p. 70 [86]).

Dans son ouvrage sur l'ambiguïté, William Empson en définit le septième et dernier type comme celui où « les deux sens du mot, les deux valeurs de l'ambiguïté, sont les deux sens opposés définis par le contexte » [90]. L'intensité ainsi conférée à l'objet est comparable à celle qu'on trouve dans le motif du quadrillage en architecture, « parce qu'il ne donne proéminence ni aux horizontales ni aux verticales », ou dans celui du damier, « parce que ni l'une ni l'autre couleur n'est le fond sur lequel l'autre est placée ; c'est à la fois une indécision et une structure, comme le symbole de la Croix ». Ici l'échiquier du « Roi Cophetua » trouve sa place et sa fonction. Il réfléchit en elle-même la structure d'indécision. *Ainsi* et *perdu* en sont les deux termes au niveau de la signifiance, comme le blanc et le noir à celui de la description. Mais les deux couleurs de l'échiquier étant symétriques l'une de l'autre, l'indécidabilité entre elles est stable, et permet la clôture d'un système ludique réglé. Celle qui joue entre *ainsi* et *perdu* ne l'est pas. Chacun de ces termes peut englober l'autre : *ainsi* peut régler la perte, qui s'appréhende comme le donné du texte. *Perdu* peut être la loi du « tel quel » saisissable en tant que manqué. Mais se complétant ainsi l'un l'autre les deux termes non seulement déséquilibrent l'opposition qu'on voyait entre eux, mais désarticulent le réseau de significations dont chacun paraissait chargé. L'*ainsi* littéral, s'il définit le *perdu* herméneutique, signale que toute interprétation bute sur le donné du texte, qui lui renvoie non pas des significations transparentes mais des signifiants opaques. *Perdu*, s'il corrige *ainsi*, manifeste en retour le leurre d'une littéralité qui croirait pouvoir saisir le sens sur un mode autre que celui de son évasion. D'opposition en différence, de règle en marge, le désir s'active, écrivant, lisant.

« *La nuit n'est pas seulement noire, elle est aussi la nuit* », écrit Malraux à propos des *Caprices* de Goya [91]. Cette démarche, selon laquelle dans la répétition du même apparaît la différence de l'autre, me paraît définir le mouvement du sens dans « Le Roi Cophetua ». « Coupant court en tout cas par un raccourci sans réplique aux explications » — coupant court à l'interprétation. Mais cet *ainsi* sans réplique est ce qui justement commande la réplique. La nuit est, en un seul mouvement, son propre signifiant intact, son événement, et les significations en lesquelles celui-ci se disperse. La retenue du sens, sa coupure, est la condition de son émergence.

Cela apparaît nettement dans *La Mala noche* de Goya et dans « Le Roi Cophetua » de Gracq. Le commentaire que le premier a ajouté à son eau-forte transpose exactement dans le langage ce que l'œuvre gravée accomplit dans le champ visuel : « A estos trabajos se esponen las niñas pindongas [...]. » *Estos* ? On ne voit sur la gravure que des voiles soulevés (on suppose par le vent), et des visages détournés[92]. *Ces* ennuis que Goya prétend *représenter* sont précisément ce que l'œuvre ne montre pas ; ils sont hors cadre, soit « métonymiquement », ce vers quoi les deux femmes regardent, soit « métaphoriquement » ce que désigne le vent. Le sujet de *La Mala noche*, son démontratif ou son *ainsi* est en quelque sorte hors de lui-même, dans la perception d'une rupture, que le bord effectue : là où la nuit devient la *nuit*. De pareille façon, le visage « noyé » de la femme dans « Le Roi Cophetua » paraît « *se recueillir autour d'une image secrète* » (*RC* 243), interdite au narrateur et donc au lecteur, celle d'une ordonnance soustraite. Dans le récit comme dans le tableau, la vigueur de la représentation tient à la dérobade d'un sens en lequel le désir voudrait fixer son unité.

« *Il y a l'anonymat sauvage du désir, et il y a quelque tentation pire dans cette silhouette troussée et flagellée, où triomphe on ne sait quelle élégance* perdue, *dans ce vent brutal qui plaque le voile sur les yeux et la bouche et dénude les cuisses.* » (*RC*, 215). Désir de qui ? Ni Gracq ni Goya ne le disent : dans le désir, objet et sujet se neutralisent. C'est à un anonymat semblable que l'œuvre de Gracq convie le lecteur. Si « *les figures humaines qui se déplacent duns* [*ses*] *romans sont devenues graduellement des transparents* »[93], c'est qu'ils se sont résorbés dans les pulsations d'un désir de moins en moins particularisé. De la galerie de portraits

du *Rivage des Syrtes* au musée de glaces du « Roi Cophetua »,
l'apparente circularité couvre une diffusion du désir dont le
travail semble désormais moins condensé en points nodaux
du texte, qu'éparpillé par la figuralité : on le suit diversement
de l'échiquier diégétique et thématique qui semble régir
l'ensemble du récit au jeu des italiques qui en dramatisent
et déroutent la lecture, en passant par les puits de jeu de
l'oie de la figure métaphorique où le sens bute.

À la fin du récit, « *une parenthèse s'[est] refermée* » :
« *Il allait faire beau ; je songeai que toute la journée ce serait
encore ici dimanche.* » (*RC*, 251). Dimanche est, comme le
« *temps volé* » (*BF*, 84) d'*Un Balcon en forêt*, une figure du
monde brièvement donné à l'immédiat : univers stendhalien
ou soleil anglais [94]. Vie « *plus désinvolte et plus fraîche* »
(p. 29 [1]) ou « *plus aérée, plus proche* » (*RC*, 251), le comparatif dépourvu de terme de comparaison propose au désir un ici
lumineux d'être *autrement*, vibrant de la tension de ce *passé
à venir* sur lequel ouvrent *Les Eaux étroites* et qui constitue
la forme proprement gracquienne de l'espace-temps. Mais
dans ce sursis (« *toute la journée ce serait encore* »...) en
lequel le récit s'inverse de sombre en clair, dans ce laps de
jouissance offerte, on ne sait si le sujet a place. *Ce* sera
dimanche — pour qui ? Pour personne, peut-être : simplement ainsi. Cet effacement silencieux du *je* dans le « il y a »
des choses, « le là de ce monde » (comme dit M. Deguy) est
condition et leçon de poésie :

Le soleil essaie la piste
Un orme croît
L'orage met en scène [95]

NOTES

1. Julien GRACQ, *En lisant, en écrivant* (Paris, J. Corti, 1981).

2. Jacques LACAN, *Les Quatre concepts fondamentaux de la psychanalyse, Le Séminaire*, Livre XI (Paris, Seuil, 1973).

3. Jacques DERRIDA, « Le Retrait de la métaphore », *Poésie* 7, p. 104.

4. Georges BATAILLE, *L'Expérience intérieure* (Paris, Gallimard, 1943), p. 32.

5. En partie au moins, puisqu'il possède d'eux une partie de nom.

6. *Lettrines* (Paris, J. Corti, 1961), p. 29.

7. Sur ces relations complexes, voir Michel MURAT, « Le Système des noms propres dans *Le Rivage des Syrtes* », *Travaux de linguistique et de littérature, publiés par le Centre de Philologie et de Littératures Romanes de l'Université de Strasbourg*, vol. XVII, n° 2, 1979, pp. 169—71.

8. Jacques LACAN, « Le Stade du miroir comme formateur de la fonction du Je », p. 94 in *Écrits* (Paris, Seuil, 1966).

9. Michel Murat dit du tableau de Longhone qu'il est une « *version métafictive de la fin d'Orsenna* » (art. cité, p. 178). Dans la classification de Lucien Dällenbach, ce serait une duplication de type « *rétro-prospectif* » (*Le Récit spéculaire, Essai sur la mise en abyme* [Paris, Seuil, 1977], p. 90).

10. Sur la mise en abyme comme homologue narratif de la métaphore, voir la *Rhétorique générale* de J. DUBOIS *et al.* (Paris, Larousse, 1970), pp. 191-2.

11. Cette conception tensionnelle de la métaphore est exposée par Paul Ricœur dans *La Métaphore vive* (Paris, Seuil, 1975).

12. À la « *nappe de soufre clair qui flambe d'un blanc de coulée* » du jardin (*RS*, 50), font pendant les « *buissons de feux* », « *l'espalier de lumières* » et la « *pyramide brasillante* » du volcan (216). Cela se double d'une série d'effets de réverbération intermédiaires : par exemple, les barques portant « *des fleurs et des lumières sur la mer* » à la fête de Vanessa (87), ou « *l'incandescence d'un charbon ardent* » (130) de l'Amirauté « *soudain mise à flot* ».

13. M. Murat déchiffre de façon convaincante les configurations paragrammatiques qui lient Vanessa aux jardins Selvaggi, à Maremma, à Vezzano, et finalement au Farghestan (art. cité, pp. 171—3 et 186-7).

14. Vanessa à son tour sera dans les nuits de Maremma « *une grande rose noire dénouée et offerte, et pourtant durement serrée sur son cœur lourd* » (*RS*, 164), liant dans le paradoxisme (selon le terme de Fontanier) d'une fleur ouverte et fermée la figure duelle de la rose enveloppante et étouffée. Signant ainsi sa double appartenance à Rhages et à Orsenna, elle prend place parmi les « *poètes de l'événement* » (250) que l'on pourrait aussi appeler les efflorescences de la métaphore : comme eux, celle-ci passe « *aussi de l'autre côté* ».

15. M. MURAT, art. cité, p. 185.

16. Le déplacement phonétique *insecte—inceste* est suggéré par M. Guiomar (« Inspiration et création d'après *Le Rivage des Syrtes* de Julien Gracq », *Revue d'esthétique*, janv.—juill. 1964, p. 103).

17. Jacques LACAN, « Tuché et automaton », p. 55 in *Le Séminaire, op. cit.*, Livre XI.

18. Ross CHAMBERS, « *Le Rivage des Syrtes* ou l'origine des signes », *Revue des sciences humaines*, t. XXXV, n° 137, janv.—mars 1970, p. 145.

19. Pierre KAUFMANN, *L'Expérience émotionnelle de l'espace* (Paris, J. Vrin, 1969), p. 327. La figure de la Mère qui sous-tend tout l'épisode, fait de la transgression d'Aldo une régression, dont le fantasme est d'ailleurs explicite au début de la croisière, dans le « *miracle d'un enfant rentrant dans le sein de sa mère* » (*RS*, 198). « *C'est que ce roman* [dit Jean-Pierre Richard] *ne cesse de désirer la naissance, mais une naissance allant vers l'espace même, vers l'être d'où l'on naît* » (« À tombeau ouvert », p. 282 in *Microlecture* [Paris, Seuil, 1979]).

20. Jean-François LYOTARD, *Discours, Figure* (Paris, Klincksieck, 1978).

21. « *La configuration symbolique* [dit Roland Barthes] *n'est pas soumise à une évolution diégétique : ce qui a éclaté catastrophiquement peut revenir parfaitement uni.* » (*S/Z* [Paris, Seuil, 1970], p. 84). Le propre du récit gracquien, et de *Rivage* particulièrement, serait de laisser la diégèse elle-même flotter au gré de ce flux et reflux symbolique.

22. « *Maintenant que s'était retirée de moi cette présence plus pleine qu'aucune que j'eusse sentie de ma vie* [...] », dit Aldo après le départ de l'envoyé farghien (*RS*, 238), et à propos de Vanessa : « *Les mots qui tombaient de sa bouche, il me semblait que je les avais prononcés à mesure* [...]. » (244). Danielo finalement avoue à Aldo : « *J'étais avec toi sur le bateau* [...]. » (307).

23. KAUFMANN, *op. cit.*, p. 63.

24. Jean-Louis LEUTRAT, « Le Passager Clandestin », *Marginales*, n° spécial « *Julien Gracq* », 25ᵉ année, n° 134, oct. 1970, p. 25.

25. « *Le double* [dit Lyotard] *n'est ni le même ni le contraire, il est l'autre.* » (*Op. cit.*, p. 289), et Lacan : « [...] *le désir de l'homme est le désir de l'Autre* [...] *c'est en tant qu'Autre qu'il désire* [...] » (« Subversion du sujet et dialectique du désir », p. 814 in *Écrits, op. cit.*).

26. Vanessa puis Danielo signifient à Aldo cet anonymat : 1) « — *Je suis allé là-bas, Vanessa et tu l'as voulu* [...]. — *Non, Aldo.* Quelqu'un *est allé là-bas.* » (*RS*, 242) ; 2) « *Tout le monde a été complice dans cette affaire* [...]. *Si tu n'avais pas été là, la ville t'aurait inventé.* » (314).

27. Vanessa, selon la formule de M. Guiomar, porte Aldo dans son nom, et selon celle de J.-P. Richard, elle le brandit (M. Guiomar, « Un Paysage de la mort : *Le Rivage des Syrtes* de Julien Gracq », *Revue d'esthétique*, avril—juin 1962, p. 181 ; J.-P. Richard, *op. cit.*, p. 260). À ces rapprochements immédiats s'ajoutent ceux plus fins qu'opère M. Murat sur l'italien *brandi* = *épée*, le français *brandon* et l'étymon germanique *brand* = *épée* et *tison*. On peut dire que Vanessa « accouche » d'Aldo-brandi lors de cette dernière nuit avant Noël qu'Aldo passe « *tout entière dans le trouble et la terrible exaltation nerveuse d'une première nuit d'amour* » (*RS*, 168), cependant que Vanessa repose, « *écartelée comme une accouchée* ». L'initiation virile est soulignée par la mention des mains « *si puissantes, si fortes* », alors qu'on sait par ailleurs qu'Aldo est « *peu robuste* » (29).

28. « *On oublie trop aisément en effet que la dissolution de l'objet par l'art non figuratif est organiquement liée au retrait de l'Autre par lequel cet objet est investi de son sens* [...]. *L'essentiel est ici que le sujet ne puisse être, du fait de l'absence de l'Autre, fondé en son identité propre. Car le reflux de l'autre en tant que fondement du sens est alors manifestation du sujet — et peu importe que cette manifestation ait à se traduire dans les valeurs d'expansion joyeuse d'une union à distance, ou dans le registre de terreur d'une séparation consacrée.* » (KAUFMANN, *op. cit.*, p. 222).

29. Par exemple, pp. 18, 31, 122, 213, 263, 269, 278.

30. La méduse et la décollation—décollement sont associées en un fantasme de castration dont Michel Murat a relevé le réseau avec précision dans son article sur les noms propres (pp. 187-8).

31. *Le Coupable* (*Œuvres complètes* [Paris, Gallimard, 1965], t. V), p. 315. « *Écrire est rechercher la chance* », écrit Bataille dans *Le Petit* (*Œuvres brèves* [Paris, Pauvert, 1981], p. 223) et dans *L'Érotisme* (Paris, Éd. de Minuit, 1957), « *la chance — dont jamais rien n'atténue le jugement de dernier ressort, sans laquelle jamais nous ne sommes* souverains » (p. 276). Les trois premiers récits de Gracq, *Au château d'Argol, Un Beau ténébreux* et *Le Rivage des Syrtes* semblent, par plusieurs aspects (dramatisation de l'existence, expérience concertée de la limite, souveraineté dans la perte, par exemple), proches de la pensée de Bataille. Une comparaison systématique vaudrait la peine d'être faite.

32. Jacques DERRIDA, « Violence et métaphysique », p. 138 in *L'Écriture et la différence* (Paris, Seuil, 1967).

33. Ils le font aussi dans *Le Rivage des Syrtes* et « Le Roi Cophetua », mais sans y constituer cette sorte de respiration essentielle dont ils rythment *Un Balcon en forêt*.

34. *Les Eaux étroites* (Paris, J. Corti, 1976), pp. 10-1.

35. « *Et comme dans ce jeu où les Japonais s'amusent à tremper dans un bol de porcelaine rempli d'eau, de petits morceaux de papier jusque-là indistincts qui, à peine y sont-ils plongés, s'étirent, se contournent, se colorent, se différencient, deviennent des fleurs, des maisons, des personnages consistants et reconnaissables, de même maintenant toutes les fleurs de notre jardin et celles du parc de M. Swann, et les nymphéas de la Vivonne, et les bonnes gens du village et leurs petits logis et l'église et tout Combray et ses environs, tout cela qui prend forme et solidité, est sorti, ville et jardins, de ma tasse de thé.* » (*À la Recherche du temps perdu* [Paris, Gallimard, « Bibl. de la Pléiade »], t. I, pp. 47-8).

36. *The Standard Edition of the Complete Psychological Works of Sigmund Freud,* ed. by James STRACHEY (Londres, Hogarth Press, 1953—1966), Vol. XIV.

37. René GIRARD, *Des choses cachées depuis la fondation du monde. Recherches avec J.M. Outhourlian et Guy Lefort* (Paris, Grasset, 1978), pp. 391—414.

38. J.-P. Richard relève un effet semblable (quoique là à peine esquissé) dans la narration du trajet en voiture d'Aldo avec Vanessa (*Microlectures, op. cit.,* p. 264). Au-delà de la transgression : cela signifie aussi hors de l'érotisme, s'il est vrai, comme l'affirme Georges Bataille, dans *L'Érotisme*, que *« l'expérience intérieure de l'érotisme demande de celui qui la fait une sensibilité non moins grande à l'angoisse fondant l'interdit, qu'au désir menant à l'enfreindre »* (*Op. cit.,* p. 45).

39. L'union de Grange et de Mona a les traits d'une « hiérogamie ». Voir Evelyn HINZ, « Hierogamy Versus Wedlock: Types of Marriage Plots and Their

Relationship to Genre of Prose Fiction », *PMLA*, Vol. 91, no. 5, October 1976, pp. 900—13. Sur l'alliance théologique du centre et de l'éternité, voir l'introduction aux *Métamorphoses du cercle*, de Georges Poulet (Paris, Plon, 1961). Gracq a révélé dans *Lettrines* (p. 28) que le centre d'*Un Balcon en forêt* devait être occupé par une messe de minuit aux Falizes « *qui aurait donné au livre, avec l'introduction de cette tonalité religieuse, une assiette tout autre* ». Il en subsiste quelques traces en Mona : la petite croix d'or qu'elle porte au cou et sa connaissance de la Légende Dorée dont elle raconte un épisode à Grange lors de leur première nuit d'amour. Non pas marques, pensons-nous, d'une mystique dégradée ou manquée, mais de son transfert dans le fantasmatique. Le faisceau d'associations, cependant, renforce l'identification de Mona au centre, mais à un centre incomplet. Quoique « petit caillou », elle en est, dans une certaine mesure, dépareillée.

40. Cf. *Lettrines 2*, pp. 57-8 : « *Les chemins de la guerre étaient bordés de milliers de villages à la Potemkine, où chacun courait s'enfermer dans sa petite construction baroque et privée. C'est par là que la rêverie de guerre ressemblait tellement au rêve ayant avec lui en commun la censure, — mais c'était plutôt les marécages du rêve, et comme un rêve mort-né* [...]. »

41. Trois pages plus loin, Grange, « *émerveillé et intimidé* », tient Mona endormie « *comme une enfant volée qu'on emporte dans des couvertures* » (*BF*, 87). Retour, en biais, de la transgression, où la prise illicite du temps équivaut à celle de Mona, que plus tard elle supplantera.

42. « *Breton a souligné avec lucidité, dans "L'Amour fou" le rôle catalyseur de la trouvaille et on pourrait, semble-t-il, placer sous ce signe l'essentiel du travail de l'écrivain tel qu'il l'entend.* » (*André Breton* [Paris, J. Corti, 1972], p. 191). Et tel, peut-on ajouter, que Gracq le pratique.

43. Jean-Pierre Richard parle de même de « *l'appel d'une jouissance/mort* » (*Microlectures, op. cit.*, p. 280). Voir également Anne FABRE-LUCE, « Gravitations négatives du texte », *Critique*, no 311 (avril 1973), p. 386.

44. « *Puis il tira la couverture sur sa tête et s'endormit.* » Le dernier geste de Grange est la version apaisée de celui qu'il a eu en laissant les corps d'Hervouët et Olivon : « *Il* [...] *secoua la capote rageusement, la tira de nouveau jusqu'aux visages.* » (*BF*, 238). Mais il rappelle aussi la démission du pays : « *Jamais la France* [...] *n'avait tiré le drap sur sa tête avec cette main rageuse.* » (93). Cette double relation renforce l'ambiguïté finale.

45. « [...] *ce chemin lavé par la nuit, gorgé de plantes fraîches et d'abondance comestible, c'était pour lui maintenant le chemin de Mona* [...]. » (*BF*, 84).

46. *Microlectures, op. cit.*, pp. 276-7.

47. L'équivalent onirique de cette « *glissade panique* » (*P*, 144) est donné juste après : « [...] *et, fascinantes, inévitables, comme le plaisir solitaire, ces deux planches sous ses pieds sur lesquelles toute la nuit, la tête lourde et légère, la tête perdue, au travers de la terre morte il glissait.* » L'onanisme qui sert de terme comparatif à ce rêve de délire se retrouve à la fin du rêve de Grange : « [...] *l'exercice périlleux s'acheva dans l'indécence finale qu'on attribue aux pendus.* » (148). R. Heyndels parle de « *pulsion onaniste* », équivalent de « l'égocentration » du personnage gracquien. Je croirais plutôt à son « ego-décentrement » (R. HEYNDELS, « La Fable laissée pour compte et le refuge fissuré. Pour une lecture sociodialectique des fictions de Gracq », p. 528 in *Actes du Colloque « Les Angevins de la Littérature »* (déc. 1978) (Paris, Droz, 1979).

48. « *Les ponts sont coupés.* » (*BF*, 210) ; « [...] *ce besoin de faire sauter une à une les amarres* [...]. » (211) ; « *J'ai toujours été rattaché par un fil pourri* [...]. » (212).

49. Dans la croisière du *Rivage*, la « *beauté fugace du visage de Vanessa se recomposait de la buée de chaleur qui montait des eaux calmes* » (*RS*, 207), et le volcan était décrit. Ici l'Allemand n'apparaît que sous la forme la plus anonyme : « *Des pleines caisses de livrets matricules.* » (*BF*, 234).

50. Grange paraît ainsi établi dans cette « *division "entre centre et absence" du sujet* » dont parle Lacan (« Kant avec Sade », p. 785 in *Écrits, op. cit.*).

51. Dans *Principes d'une esthétique de la mort* (Paris, J. Corti, 1967), Michel Guiomar souligne à juste titre un détail qui serait inutile s'il n'était thématiquement important pour sa fonction de rappel : « *Il entendit le chien aboyer deux ou trois fois encore, puis le cri de la hulotte à la lisière toute proche des taillis, puis il n'entendit plus rien* [...]. » (*BF*, 252). Contrairement à Guiomar, cependant, nous pensons que cette lisière, ce « seuil » entre vie et mort (p. 388), n'est *pas* la mort : il peut l'être, renvoyant vie et mort au sommeil, où le sujet est insituable, quoique établi.

52. Outre ceux que nous avons cités, en voici quelques autres :
— « *Il savait bien que quelque chose était arrivé, mais il lui semblait que ce ne fût pas réellement.* » (*BF*, 250)
— « *[...] mais l'ombre restait floue* [...]. » (*BF*, 250)
— « *Mais tout cela lui était indifférent.* » « *Mais cette pensée même ne se fixait pas.* » (*BF*, 252)
Il faudrait ajouter les mots à préfixe ou à connotation négative (*insignifiante, déménagement, malade, évasif, morne, aveugle, indécise, exténuée, floue, douceâtre*) ainsi que la répétition de *rien* et de *personne*.

53. Ce chapitre est une version élargie d'une communication faite au « Colloque Julien Gracq » d'Angers (mai 1981).

54. Je prends la métonymie dans son sens rhétorique et non dans son opposition sémiotique à la métaphore.

55. Michel Deguy, « Symptômes », p. 157 in *Figurations* (Paris, Gallimard, 1969).

56. À quelques pages de distance :
— « *[...] il sentait que le soir apportait Irmgard, l'approchait de lui aussi accore et ferme qu'un rivage* [...]. » (*P*, 132).
— « *La pensée par instants le traversait que dans une heure et demie il verrait Irmgard — mais cette nouvelle lui parvenait à la fois certaine et étrangement neutre* [...]. » (*P*, 140).
— « *[...] il tournait autour d'elle comme une petite planète, il ne la rejoignait pas.* » (*P*, 147).

57. Jean-Louis Leutrat, « La Reine du jardin », pp. 282—300 in *Julien Gracq* (Paris, L'Herne, « Les Cahiers de L'Herne », n° 20, 1972).

58. On relève : « *coups de bélier - assiégée - armée - oriflammes - charge de cavalerie* ».

59. La guerre décrit Irmgard « *petite victoire* » (*P*, 126) ou Simon : « *[...] comme font d'autres à la guerre* [...]. *Je ne connais que la pratique de la* terre brûlée. » (176), aussi bien que les lieux : voir pp. 42, 50, 61, 87, 97, 98, 115, 121, 127.

60. Sur les différents modes (« méta-fiction », « méta-phore », et « méta-gramme ») d'inscription de la guerre dans ce récit, voir l'article déjà cité de Michel Murat sur « Le Système des noms propres dans *Le Rivage des Syrtes* », pp. 194—8.

61. Michel Deguy, « La Reconnaissance », p. 165 in *Actes* (Paris, Gallimard, 1966).

62. Même figure dans *Balcon*, p. 155.

63. Barbara Johnson, *Défiguration du langage poétique. La seconde révolution baudelairienne* (Paris, Flammarion, 1979).

64. Gérard de Nerval, « *Artemis* », *Les Chimères*.

65. « *S'il s'agissait d'arrêter, mais le faut-il, l'échafaudage blanc noir qui croule à la faveur de la foudre, le cœur de l'antagonisme* [...]. » (M. Deguy, « L'Ancien et le nouveau », p. 211 in *Actes, op. cit.*).

66. L'analogie *femme-flamme* a été relevée par Annie-Claude Dobbs, *Dramaturgie et liturgie dans l'œuvre de Julien Gracq* (Paris, J. Corti, 1972), pp. 199-200.

67. J.-L. Leutrat signale également la signification funèbre dont le blanc peut être chargé ; par exemple dans la description de l'Amirauté ravalée. Signification ambiguë là encore, joignant mort, noces et interdit :
— « *C'est une apparition* [...]. *Un fantôme sous un suaire.*
— [...] *sa robe de noces plutôt* [...] *mais le silence se referma soudainement* [...] » (*RC*, 130).

68. *King Cophetua and The Beggar Maid* (1884), que Gracq m'a dit avoir vu autrefois à la Tate Gallery de Londres.

69. *Les Caprices*, eau-forte n° 36 : « Voilà les ennuis auxquels s'exposent les vadrouilleuses qui ne veulent pas rester à la maison. » (Je traduis).

70. Sur cet échiquier se placent d'autres motifs antithétiques : guerre—paix, tempête—accalmie, nuit—jour, mort—vie, qui se regroupent tous dans cette phrase, à valeur emblématique : « *Une liberté confuse se lève derrière cette pluie noire et ce jour désastreux, comme une aube du déluge où battraient mêlées l'aile de la colombe et celle du corbeau.* » (*RC*, 233). Ajoutons, pour faire bonne mesure, la musique, dont les notes sont noires et blanches.

71. Notons que par rapport au tableau de Burne-Jones, celui fictif du récit est renversé comme une réflexion spéculaire : alors que dans l'œuvre préraphaélite la mendiante est à droite et le roi à gauche, dans la description de Gracq, le roi est agenouillé dans « *le coin droit* » (*RC*, 223), et la mendiante se tient debout « *devant lui, à gauche* ».

72. L. Dällenbach, *Le Récit spéculaire, op. cit.*

73. « [...] *cet étrange rituel* [...] *qu'elle avait été de bout en bout seule à conduire.* » (*RC*, 246).

74. J. Lacan, *Le Séminaire, op. cit.*, Livre XI, p. 83.

75. « *Le sujet est personne. Il est décomposé, morcelé. Et il se bloque, il est aspiré par l'image, à la fois trompeuse et réalisée de l'autre, ou aussi bien sa propre image spéculaire. Là il trouve son unité.* » (J. Lacan, *Le Séminaire, op. cit.*, Livre II, p. 72).

76. « *Peut-être* [...] *y cherchait-elle* CHAQUE FOIS *la vérification neuve d'* [...] *un pouvoir.* » (*RC*, 247).

77. De même dans les deux modèles iconographiques : dans la gravure de Goya la face de la figure blanche est entièrement couverte par le voile et celle de la figure noire regarde de côté vers l'extérieur du tableau. Dans le tableau de Burne-Jones, la mendiante regarde de face droit devant elle, au-delà du spectateur, cependant que le regard du Roi est centré sur elle. Le spectateur est dans la même position : regardant et non regardé, sujet, mais oblitéré. On peut penser que c'est là un des traits qui dans ces œuvres ont requis Gracq : provocation et distance.

78. A.-C. Dobbs suggère également le rapprochement Nueil—nue, nuages, nuit (*Op. cit.*, pp. 212-3).

79. On se rappelle que « échec et mat » en persan signifie « le roi est mort ». En ce sens on pourrait dire que tout le texte est une partie qui comme dans *Le Septième sceau* de Bergman, se joue avec la mort.

80. Ross Chambers, *La Comédie au château* (Paris, J. Corti, 1971).

81. On ne peut pas ne pas songer à *L'Année dernière à Marienbad*, de Resnais et Robbe-Grillet : même oscillation de la figure féminine entre le noir et le blanc, mêmes déambulations au long de surfaces réfléchissantes, même association du jeu, du double, de l'ordonnateur et de la mort, même poids du silence. Le film, lui aussi, est une comédie au château. On pourrait à cet égard se demander si le film de Resnais n'est pas plus proche du texte de Gracq que celui qu'André Delvaux a tiré de ce même texte, *Rendez-vous à Bray*, du fait qu'il joue entièrement dans le pluriel et le problématique (cf. ce que Gracq dit de ce dernier film dans *Lettrines* 2, p. 82). Le rapprochement avec *Marienbad* a été fait par A. Denis dans son article de la *Revue d'esthétique* (vol. 22, n° 2, p. 156). Ajoutons que Geoffrey Hartman propose d'appeler le « stade du miroir » lacanien « the *Marienbad* complex ».

82. Mais qui, digne d'« un salon du temps de Grevy ou de Carnot », est donc contemporaine de l'œuvre de Burne-Jones...

83. Voir à ce sujet l'ouvrage de Ruth Amossy : *Les Jeux de l'allusion littéraire dans « Un Beau ténébreux » de Julien Gracq* (Neuchâtel, La Baconnière, 1980), pp. 121—44 et son article sur « Un Procédé du récit réfléchi : les allusions à Rimbaud dans *Un Beau ténébreux* », *Revue des sciences humaines*, t. XXXIII, n° 151, juill.—sept. 1973, pp. 469—84.

84. À l'inverse du tableau (fictif) de Longhone, dans *Le Rivage des Syrtes* : « [...] l'œuvre ressemblait à la copie comme à un nu agréable ressemble un écorché vif. » (*RS*, 106). Rappelons par ailleurs que dans le texte de Shakespeare (*Roméo et Juliette*, II, 1), l'allusion au roi Cophetua est elle-même la citation d'une ballade du temps : dans cette direction aussi l'original se perd.

85. *Au château d'Argol* (Paris, J. Corti, 1972 [1938]), p. 67.

86. *Un Beau ténébreux* (Paris, J. Corti, 1972 [1945]).

87. Indécidabilité indécidable dont on pourrait voir l'équivalent dans la structure mobile noire et blanche de Soto, intitulée *Double écriture* (1976, Centre Georges Pompidou).

88. Une autre figure émerge, celle de Narcisse, que commande la spécularité multipliée du récit. En partant, le Narrateur s'arracherait à la tentation (dont « l'enchantement perdu » de Nueil montre la vanité), de rejoindre, dans le palais des glaces, sa parfaite image de Roi Cophetua, et de s'y établir.

89. Voir par exemple *Lettrines, op. cit.,* p. 118 : « [...] *ce qui faisait de naissance son venin et sa vertu, sa force agitante, et même sa seule vraie possibilité révolutionnaire, et qui s'appelait provocation au désir — à tous les désirs.* » **Ou** encore *Préférences, op. cit.,* p. 18-9.

90. [Trad. de] William EMPSON, *Seven Types of Ambiguity* (Edimbourg, New Directions, 1953), p. 192.

91. A. MALRAUX, *Saturne, Essai sur Goya* (Paris, Gallimard, 1950), p. 55.

92. « *Les formes de Goya* [dit Michel Foucault] *naissent de rien : elles sont sans fond, en ce double sens qu'elles ne se détachent que sur la monotonie des nuits, et que rien ne peut assigner leur origine, leur terme et leur nature.* » (*Histoire de la folie* [Paris, Plon, 1961], p. 635).

93. *Lettrines* 2, p. 70.

94. Du soleil anglais Gracq dit que « *c'est une fête, un dimanche climatique carillonné, et on en jouit heure après heure* » (*Lettrines* 2, p. 225). Le monde stendhalien est « *un ermitage suspendu hors du temps, non vraiment situé, non vraiment daté, un refuge fait pour les dimanches de la vie, où l'air est plus sec, plus tonifiant, où la vie coule plus désinvolte et plus fraîche* » (*En lisant, en écrivant, op. cit.,* p. 29).

95. Michel DEGUY, « Mimêsis », p. 204 in *Actes, op. cit.*

TABLE

TYPOGRAPHIE DE COMPO-SÉLECTION (PARIS)
IMPRIMERIE F. PAILLART (ABBEVILLE) D. 5316

Dépôt légal : janvier 1982   IMPRIMÉ EN FRANCE